WHISKY

Entdecken und Genießen

Produktionsbetreuung der englischen Originalausgabe:
Diane Spender, Martin Corteel
Bildrecherche: Justin Downing
Herstellung: Sarah Schuman
Layout: Mary Ryan

Produktionsbetreuung der deutschsprachigen Ausgabe:
Print Company Verlagsgesellschaft m.b.H., Wien
Übersetzung: Martina Bauer

ISBN 3-8112-1681-3

DANKSAGUNG DES AUTORS

Da leider der Platz nicht ausreicht, um allen zu danken, die bei diesem Buch mitgeholfen haben, möchte ich nur einige wenige hervorheben: Jim McEwan, Morrison Bowmore, Jim Turle, John Ramsay und Alan Reid, Edrington Group; David Robertson, Macallan; Bill Farrar, Matthew Gloag; Campbell Evans, Scotch Whisky Assoc.; Colin Scott, Chivas Bros; Ian Grieve, Joanthan Driver und Nick Morgan, UDV; Stuart Thomson, Bill Lumsden und Kirsty Mellis, Glenmorangie; Mike Nicolson, Lagavulin, Alan Winchester, Aberlour; Euan Mitchell, Springbank; Vanessa Wright, Campbell Distillers & David Hume, Richmond Towers; Jenny Stewart, Seagram; Sheila Reynolds, Allied Domecq; Sandra McLauglin, JBB; Fergus Hartley, Burn Stewart; Mhairi Adam, Inver House; Jimmy Russell, Wild Turkey; Bill Samuels, Maker's Mark; Gerard White, UDV; Booker Noe, Jim Beam; Jim Rutledge, Four Roses; Max Shapira, Heaven Hill; Bill Creason, Brown-Forman; Neil Mathieson; Nicky Forrest; James Craig-Wood.
Der Scotch Malt Whisky Society verdanke ich einen Ort, an den ich mich zurückziehen konnte und den Whisky zur Inspiration genoß. Mein Dank gilt auch den Schriftstellerkollegen Charles MacLean, Susan Keevil, Nigel Huddleston, Jonathan Goodall, Barbara Cormie, Chris Losh, Fiona Sims und Mark Jones.
Ken Hoskins und Claire Powers aus Kentucky danke ich für ihre Freundschaft und dafür, daß sie mir Manhattan näherbrachten, des weiteren meinem Verleger Martin Corteel für seine erstaunliche Geduld, Hilfsbereitschaft und gute Laune. Ich danke Justin Downing für seine brillante Bildrecherche und schließlich meiner Frau Jo für ihre liebevolle Unterstützung und dafür, daß sie dieses Buch mit mir durchstand.

Dave Broom

WHISKY

Entdecken und Genießen

GONDROM

INHALT

KAPITEL 5

KAPITEL 6

KAPITEL 7

EINLEITUNG

In Tunesien lernte ich die Macht des Wortes Whisky schätzen. Zu Beginn meines Aufenthaltes hatte ich vergeblich mitzuteilen versucht, daß ich aus „Schottland" stamme. Im allgemeinen starrte man mich daraufhin verständnislos an. Nach einer Woche fand ich mich damit ab, daß Schottland in Nordafrika unbekannt war und mir wohl nichts anderes übrigbliebe als zu sagen, ich wäre Brite. Der Zufall wollte es, daß ich auf wiederkehrende Fragen nach meiner geheimnisvollen Heimat verzweifelt „Whisky!" stammelte. Das war die Zauberformel. Plötzlich war ich von Freunden umgeben. Schottland war unbekannt, aber „Scotch" und „Whisky" kannte jeder.

Dies zeigt, daß der Whisky über alle Grenzen hinweg bekannt ist, zu den beliebtesten Spirituosen der Welt zählt sowie in hohem Maße der Völkerverständigung dient. Geradeso wie man mit jedem auf der Welt über Fußball diskutieren kann, ob man nun die jeweilige Landessprache spricht oder nicht, können Whiskykenner einander ohne viele Worte verstehen, indem sie Namen wie Lagavulin, Johnnie Walker, Power's, Wild Turkey und Jack Daniel's in die Konversation einfließen lassen.

Dem war jedoch nicht immer so. Zu Beginn der 70er Jahre waren Malt Whisky, ebenso wie die besten Produkte aus Irland und Kentucky, so gut wie unbekannt. Die Vorherrschaft des Whiskys war ins Wanken geraten. Heute gibt es jedenfalls mehr Maltprodukte und auch bessere Blends als je zuvor.

Die Gründe dafür liegen darin, daß die Konsumenten wieder nach Whiskys verlangen, nach einem Getränk, das Geschichte, Authentizität und Geschmack besitzt. Der Malt Whisky brachte den neuen Trend. Andere Sorten folgten nach.

Dieses Buch versucht, die Unterschiede der Whiskys, die den Ansprüchen dieser neuen Klientel genügen, aufzuzeigen, und beschäftigt sich mit ihrer Herkunft, dem Hintergrund ihrer individuellen Eigenschaften und der Verkostung. Man muß nur einen Schluck nehmen, und schon hat man die Laufbahn eines angehenden Whiskykenners eingeschlagen. Worauf warten Sie noch?

Dave Broom

OBEN: Bleib in Bewegung!

GEGENÜBER: Geheimnisvolles geschieht unter der Kuppel.

1

DIE GESCHICHTE DES WHISKYS

GEGENÜBER: Eine alte Destillationsanlage

UM ETWAS ÜBER DIE ANFÄNGE DER WHISKYPRODUKTION ZU ERFAHREN, MUSS MAN SO TIEF WIE MÖGLICH IN DIE KELTENZEIT EINTAUCHEN, DEN WENIGEN HINWEISEN, DIE IM DUNKEL DER GESCHICHTE AUFLEUCHTEN, NACHGEHEN ... UND DARAUS SEINE EIGENEN SCHLUSSFOLGERUNGEN ZIEHEN.

LINKS: Massenproduktion im industriellen Zeitalter

Niemand weiß, wer der erste Whiskyhersteller, der erste Brenner war! Erwiesen ist, daß die Brennerei in China oder in Indien ihren Ausgang nahm und sich im 4. Jahrhundert n. Chr. nach Ägypten und Griechenland ausbreitete. Mit Ausnahme einer Brennerei in China setzte niemand die Kunst der Destillation ein, um Spirituosen herzustellen – Arzneimittel und Parfüms waren die Norm.

Die Frage ist, wie diese Kenntnisse – offenbar unter Umgehung des übrigen Europa – nach Irland und Schottland gelangten. Möglicherweise waren es die Kelten, die auf ihrer Wanderung die Kunst der Destillation nach Europa brachten.

Die Mönche der keltischen Kirche Irlands kannten das Geheimnis der Destillation. Sie hüteten ihr Wissen während des Mittelalters und verbreiteten es in der Folge – ebenso wie das Wort Gottes – auf dem europäischen Festland und in Schottland, wobei die erste Destillation vermutlich auf Islay erfolgte. Wenig überraschend ist, daß der erste 1494 namentlich erwähnte Brenner ein Schotte namens Bruder John Cor war. In Irland und Schottland herrschen ähnliche geologische und klimatische Bedingungen. Beide Länder verfügen über reines Wasser, über Torf, um die Brennblasen anzuheizen, und Land, auf dem Gerste kultiviert werden kann. In den schottischen Highlands und auf den Inseln verwendete man gemälzte Gerste, in Irland hingegen Hafer und (was wichtig ist) ungemälzte Gerste, während die Brenner der schottischen Lowlands jede Getreideart nahmen. 1707 vereinigten sich Schottland und England zum Königreich Großbritannien. Doch dagegen protestierten die Schotten. Es kam zu Aufständen, die von den Engländern blutig nie-

RECHTS: „Freiheit und Whisky gehören zusammen." (Robert Burns)

dergeschlagen wurden. Daraufhin wanderten viele Nebenerwerbsbrenner nach Amerika und Kanada aus, mit ihnen der Whisky. Mit der Einwandererwelle des 18. Jahrhunderts etablierte sich der amerikanische Whiskey. Man begann sofort aus dem verfügbaren Getreide Whiskey zu produzieren, aus Roggen in Pennsylvania und aus Mais in Kentucky, Tennessee sowie rund um das Gebiet der Großen Seen. Die Brenner in Irland und in den schottischen Highlands litten unter den Regierungsmaßnahmen, die den Gebrauch kleiner Brennblasen untersagten. Manche Brenner machten illegal weiter, aber die Industrie wurde zunehmend von reichen Geschäftsmännern und Landbesitzern kontrolliert. 1823, als die kleinen Brenner ermutigt wurden, sich Lizenzen zu holen, war die Whiskyproduktion zu einer Industrie geworden. Die kontinuierliche Brennblase war erfunden worden und Irland focht ein Rückzugsgefecht gegen den damit produzierten, neuen leichten Whiskey.

Der Blended Scotch fand reißenden Absatz, als die *Phylloxera* die Branntweinproduktion in Europa zunichte machte. Dann erlangte Irland die Unabhängigkeit (und verlor Exportmöglichkeiten in das Britische Königreich), während in Amerika Alkohol verboten wurde! Die schottischen Blends, nicht Malts, steuerten weiter auf Erfolgskurs.

In den letzten 15 Jahren suchen Whiskyliebhaber nach hochqualitativen Produkten mit Geschmack und Tradition. Malt Whisky liegt, ebenso wie irischer Whiskey und Bourbon, im Trend. Nie stand dem Whiskykenner eine größere Auswahl zur Verfügung.

UNTEN: Außerhalb der staatlichen Kontrolle

CHRONIK DES WHISKYS

Henry II. – von mit Whisky gestärkten Truppen geschlagen

ca. 500	In dem Lied „Mead Song" des walisischen Barden Taliesen wird die Destillation erwähnt.
1174	Heinrich II. von England protokolliert die Verwendung von *aqua vitae* in Irland.
1296	Sir Robert Savage, Lehnsherr von Bushmills, schenkt seinen Truppen *aqua vitae* aus.
1494	Die Whiskyproduktion wird erstmals in Schottland erwähnt.
1590	Beginn des Whiskyexports in Schottland.
1644	Das schottische Parlament besteuert Whisky erstmals.
1717-1718	Die ersten schottischen und irischen Siedlerwellen kommen in Nordamerika an.
1745	Beginn der zwangsweisen Enteignungen in den Highlands, die die nächste schottische Einwandererwelle in Nordamerika vorbereiten.
1770-1780	Ankunft der Siedler in Kentucky und Tennessee.
1780	John Jameson errichtet eine Destillerie in der Dublins Bow Street.
1783	Evan Williams beginnt in Louisville, Kentucky, mit der Destillation.
1784	Der Wash Act in Großbritannien beschränkt den Verkauf von Malt Whisky auf das Gebiet nördlich der Highland-Linie.
1791-1792	Der Whiskey-Aufstand in den Vereinigten Staaten.
1795	Jacob Beam begründet seine Destillerie.
1800	Irland verfügt bereits über zweitausend Destillerien.
1820	John Walker eröffnet seinen Gemischtwarenladen in Kilmarnock.
1823	James (Jim) Crow beginnt in der Oscar Pepper Destillery, Kentucky, zu arbeiten. Der Wash Act führt Lizenzen für die Destillerien in Schottland und Irland ein.
1825	Die Lincoln-County-Verarbeitung (Kohlefilterung) wird in Tennessee erstmals erwähnt.
1827	Robert Stein erfindet eine kontinuierliche Brennblase für die Whiskyproduktion.
1831	Aeneas Coffey verbessert Steins kontinuierliche Brennblase und läßt die Erfindung patentieren.
1837	William Teacher eröffnet seinen ersten Gemischtwarenladen in Glasgow.
1887	Irland verfügt über achtundzwanzig Destillerien.
1845-1849	Die große Hungersnot vertreibt weitere Iren nach Amerika und reduziert die Anzahl des vorhandenen Getreides für die Destillerien.
1846	John Dewar beginnt als Wein- und Spirituosenhändler in Perth.
1853	Der erste schottische Blend, Usher's Old Vatted Glenlivet, kommt auf den Markt.
1867	Walker's Old Highland Whisky wird urheberrechtlich geschützt und als Warenzeichen eingetragen.
1918-1919	Prohibition in Kanada.
1919-1833	Prohibition in den USA.
1933	Aufhebung der Prohibition in den USA.
1941	Amerikanische und irische Destillerien stellen die Produktion ein.
1966	Jameson, Power und Cork Distillers schließen sich zu Irish Distillers zusammen.
1973	Bushmill schließt sich Irish Distillers an.
1987	Cooley Distillers wird begründet und bricht das Monopol von Irish Distillers.
1998	UD und GrandMet (IDV) schließen sich zu Diageo zusammen, der weltgrößten Spirituosenfirma.

2

DAS HERZ DES DESTILLATS

ALLE WHISKYS DER WELT WERDEN AUS GETREIDE, WASSER UND HEFE HERGESTELLT UND IN EICHENFÄSSERN GELAGERT. DIE KUNST DER BRENNER LIIEGT IN DER VARIETÄT DER STILE.

Jedes Land verwendet unterschiedliche Getreidesorten. Das geschrotete Korn wird mit heißem Wasser aufgegossen, das alle fermentierbaren Materialien aufnimmt. Das Zuckerwasser läuft ab und wird in große Gärkessel gepumpt, wo es unter Zugabe von Hefe zu gären beginnt. Nach einigen Tagen erhält man ein starkes Bier, das destilliert wird.

Die Destillation erfolgt entweder zwei- bis dreimal in Pot Stills oder in säulenförmigen Brennblasen. Erst bei der zweiten und der dritten Destillation wird das „Herz" des Destillats, die Zusammensetzung der Aromastoffe, die congeners genannt werden, vom verdampfbaren „Kopf" und „Schwanz" getrennt.

Die Form der Brennblase ist für die Kreation der komplexen Geschmacksnuancen des Whiskys von wesentlicher Bedeutung, ebenso wichtig ist ein langsamer Destillationsvorgang. Bei der säulenförmigen Brennblase wird die „Wash" oben in die Brennblase eingefüllt und trifft auf aufsteigendem Dampf, der Alkohol aufnimmt, bevor er in einen Kondensator geleitet wird. Dies kann in einer einzelnen oder zwei verbundenen Säulen erfolgen.

Das Destillat beider Brennblasen-Typen läßt man in Eichenfässern reifen, wobei der Whisky in das Holz einzieht, der Eiche Geschmacksnuancen und Farbe entzieht und an Komplexität gewinnt.

OBEN: Der Beginn der Whiskyproduktion

GEGENÜBER: Ein kritischer Blick ist gefragt.

GEGENÜBER: *Die Pot Stills*

Malt

Schottischer Malt Whisky entsteht aus gemälzter Gerste. Man läßt die Gerste keimen, wobei Enzyme Stärke in Zucker verwandeln. Die Keimung wird unterbrochen, indem das Getreide in einem Trockenofen (über Torf) getrocknet wird. Je mehr Torf verwendet wird, um so torfiger wird das Malz.

Das Malz wird in Pot Stills zwei- oder dreifach destilliert und das Destillat anschließend in Eichenfässern gelagert. Die Art und die frühere Verwendung der Fässer verleihen unterschiedliche Geschmacksnuancen, Sherryfässer einen süßen, vollen Geschmack und dunkle Farbe, Bourbonfässer ein Vanillearoma

Grain Scotch

Grain Whisky wird aus Mais produziert, dem ein wenig gemälzte Gerste hinzugefügt wird, bevor er kontinuierlich gebrannt wird. Es entsteht ein hochprozentiges Destillat, das delikat aromatisiert ist.

UNTEN: *Ein weiterer Schritt in der Whiskyherstellung*

Irischer Whiskey

Irischer Whiskey unterscheidet sich von Scotch durch die Verwendung von ungemälzter und gemälzter Gerste und durch sein Destillationsverfahren.

In der Midleton Destillerie von Irish Distillers wird jede Marke in einem speziellen Mischungsverhältnis von gemälzter und ungemälzter Gerste in verbundenen Pot Stills und säulenförmigen Stills dreifach destilliert. Bushmills praktiziert nur die dreifache Pot-Still-Destillation, importiert auch etwas Grain Whiskey aus Midleton. Der Newcomer Cooley verwendet wieder Torf und destilliert zweifach. Der Großteil des irischen Whiskeys wird in Bourbonfässern gelagert, es sind aber auch Sherry- und Rumfässer in Verwendung.

Bourbon

Ein Bourbon muß einen Mindestanteil von 51 Prozent Mais enthalten, der Rest der „Maische" setzt sich aus „kleinen Getreidesorten", wie Roggen, gemälzter Gerste und Weizen zusammen.

Der nächste wesentliche Unterschied in der Produktion ist das Zusetzen von sauer schmeckenden Rückständen der vorigen Destillation in die Gärkessel, die verhindern sollen, daß Bakterien gedeihen. Fast der gesamte amerikanische Whiskey wird erst in einer säulenförmigen Brennblase und dann in einem sogenannten Doubler destilliert.

Zur Reifung werden nur neue, angekohlte amerikanische Eichenfässer verwendet, die in großen Lagerhäusern mit mehreren Etagen lagern.

Aufgrund der heißen Sommer entzieht der Whiskey den Holzbeigeschmack auf jeder Ebene in unterschiedlichem Ausmaß. Um eine gleichmäßige Reifung zu erreichen, werden die Fässer rotiert oder die Produkte der unterschiedlichen Ebenen vermischt. Tennessee Whiskey kann aus einem Mindestanteil von 51 Prozent jeder beliebigen Getreidesorte hergestellt werden, und das Destillat muß durch Ahornholzkohle gefiltert werden.

Kanadischer Whisky

Kanadischer Whisky wird in säulenförmigen Brennblasen destilliert unter Verwendung verschiedener Getreidearten (Roggen, Mais, Weizen, Gerste) einzeln oder gemischt zu verschiedenen Stärkegraden destilliert und in diversen Fässern unterschiedlich lange gereift. Das Geheimnis besteht in der Mischung dieser Komponenten.

LINKS: Das Detail, das Tennessee so besonders macht.

SCHOTTISCHER WHISKY

MAN NEHME EIN KLEINES LAND HOCH IM NORDWESTEN EUROPAS, EIN FEUCHTES KLIMA, EINE PASSENDE GEOLOGIE UND LANDWIRTSCHAFT UND VERBINDE ALL DAS MIT DEM KÖNNEN, DER BEHARRLICHKEIT UND DER GEDULD DER MENSCHEN. DAS ERGEBNIS IST SCHOTTISCHER WHISKY.

LINKS: Das Schüren des Feuers auf Islay

In Schottland gehen regelmäßig ergiebige Regenschauer über Hügel und Bergschluchten nieder. Dieses Wasser ist die erste Zutat für die Herstellung von hochwertigem Whisky. Das Wasser sickert in tiefe Bodenschichten, dann dringt es durch den an mineralischen Ablagerungen reichen Fels wieder an die Oberfläche. Die Bäche fließen über Torf, dessen Geschmack viele Malt Whiskys auszeichnet. Der schottische Boden eignet sich für den Anbau von Gerste, der zweiten Zutat der Malt-Whisky-Produktion. Die dritte und letzte Zutat ist der Mensch. Die Einheimischen sind seit jeher einem guten Tropfen zugetan. Schottland war das erste Land, das Bordeaux-Weine importierte, und seine Biersorten genießen seit langem internationale Anerkennung, weshalb es nicht überrascht, daß die Bewohner der Highlands, sobald sie das Geheimnis der Destillation entdeckt hatten, sich dem Studium dieser seltsamen Alchemie widmeten.

Auch in anderen Ländern wird Whisky produziert – Irland war vermutlich das erste Land. Amerika und Kanada liefern exzellente Sorten, die geistige Heimat aber bleibt Schottland. Waren es schottische Schnapsbrenner, die den Malt perfektionierten, so waren es viktorianische Spirituosenhändler, die mit wirksamen Werbemethoden den Blend anpriesen und populär machten. Heute genießen Kenner in aller Welt die größte Auswahl an schottischen Whiskys, die es je gab.

GEGENÜBER: Die Aromen der schottischen Wildnis

DIE LOWLANDS

Die Lowlands werden nicht mit der Produktion von Malt verknüpft, da man den Whisky eher den Highlands zuordnet. Nun, der Großteil der Schwerindustrie ist längst aus den Lowlands abgewandert, und die urbanen Ballungszentren sind von sanften Hügeln, Mooren und Weideland umgeben – ideal für die Whiskyherstellung.

OBEN: *Frisch wie ein Sommertag*

Der Großteil der in diesem Teil des Landes produzierten Spirituosen ist Grain Whisky für Blends, doch gibt es andere Gründe, weshalb sich der Malt der Lowlands von seinen nördlichen Nachbarn unterscheidet.

Der unverwechselbare Stil der Lowlands

Auf dem fruchtbaren Boden wird seit jeher eine Vielfalt an Getreide angebaut, und viele Brenner verwendeten früher eine Mischung verschiedener Getreidearten. Es mangelte an Torf, dafür war Kohle vorhanden, und die dreifache Destillation war bei den Brennern verbreitet.

In den Lowlands wird seit jeher guter Malt Whisky produziert, die Destillerien sind häufig an Kornfabriken angeschlossen, wie Grant's Ladyburn oder Inverleven und Lomond, die zur Dumbarton Destillerie gehören.

Heute existieren nur noch wenige Malt-Destillerien. Auchentoshan, am Ufer des Clyde am Stadtrand von Glasgow, produziert nach wie vor einen hervorragenden, dreifach destillierten Malt. Der Glenkinchie, einer der Classic Malts von United Distillers (UD), ist ein herrlicher Whisky mit Heunote. Glenkinchie hatte Glück, denn durch einen Rückgang der Nachfrage mußten Bladnoch, Schottlands südlichste Destillerie, und

RECHTS: *In Auchentoshan wird klassischer Lowland-Stil produziert.*

OBEN: In Springbank sind einige der besten Malts zu Hause.

Rosebank, wo der delikateste aller Lowland Malts hergestellt wurde, geschlossen werden. Beide dürften ihren Betrieb wieder aufnehmen, und wir kämen erneut in den Genuß eines Whiskys, der so reizvoll ist wie die Landschaft.

Rund um Campbeltown

Genau genommen bildet Campbeltown eine eigene Region, allerdings ist heute nur noch eine Destillerie in Betrieb. Früher war Campbeltown Schottlands Whiskyhochburg. Gegen Ende des vorigen Jahrhunderts drängten sich 25 Destillerien in diesem kleinen Fischereihafen an der Spitze der Halbinsel Kintyre. Campbeltown versorgte Amerika jahrelang mit Malt, und zu Beginn der Prohibition stieg der Export noch an. Doch damit sank die Qualität. Die Alkoholschmuggler etikettierten auch minderwertigen Branntwein mit „Campbeltown". Die Reputation der Stadt ging verloren, und 1930 gab es nur noch drei Destillerien.

Springbank gelang es, die Qualität zu bewahren. Hier wird die eigene Gerste gemälzt, werden kohlenbefeuerte Brennblasen verwendet, zum Teil dreifach destilliert, und sogar eine eigene Abfüllanlage ist vorhanden. Das Ergebnis ist ganz Schottland in einem Glas.

DIE LOWLANDS & CAMPBELTOWN

DIE KLASSISCHEN MALTS

DIE WHISKYS DER LOWLANDS STELLEN EINE PERFEKTE EINFÜHRUNG IN DIE WELT DER MALTS DAR. DER NIEDRIGE TORFGEHALT SOWIE DIE DREIFACHE DESTILLATION BRINGEN WHISKYS VON DELIKATEM, ANGENEHMEM KÖRPER HERVOR. DAS BEDEUTET ABER NICHT, DASS ES DEN LOWLAND MALTS AN KOMPLEXITÄT FEHLT. CAMPBELTOWN SOLLTE ALS EIGENSTÄNDIGE REGION BETRACHTET WERDEN, DIE ZUDEM ALLE GROSSEN EIGENSCHAFTEN DES MALTS IN EINEM GLAS ZU VEREINEN WEISS.

AUCHENTOSHAN *10 Jahre (40 Vol.-%)*
Torfig, leicht und etwas süßlich in der Nase, ohne Wasser genossen. Erfrischende, etwas mehlige Note. Ein knuspriger, attaktiver Malt, frisch wie ein Gänseblümchen, der mit einem langen, klaren Abgang erfreut.

AUCHENTOSHAN *21 Jahre (43 Vol.-%)*
Duftet nach frisch geschnittenem Torf. Gute, nussige Fruchtigkeit mit Toastaroma. Süße von reichhaltigem Gewicht, die sich vor einem reichen, süßen Abgang um die Zunge legt. Eine Offenbarung!

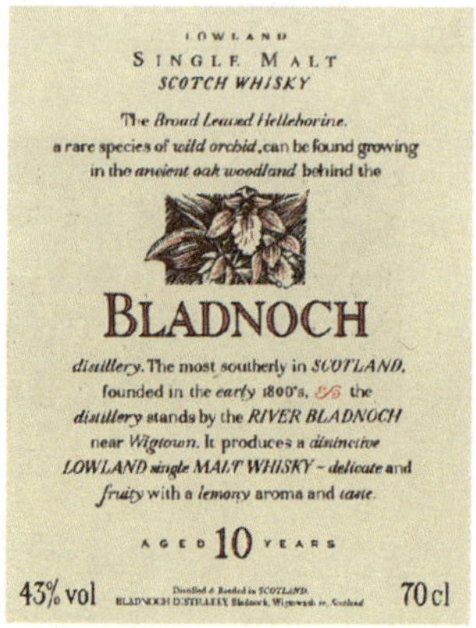

BLADNOCH *10 Jahre (40 Vol.-%)*
Frisches, fast minziges Aroma mit einer Andeutung von karamelisierter Orange und Heu. Nach delikatem, leicht süßen Beginn trocknet er in der Gaumenmitte etwas aus; angenehm schwer.

GLENKINCHIE *10 Jahre (40 Vol.-%)*
Typischer Lowland-Duft: grasig, frisch und stärkend. Ein Zitronengeschmack am Gaumen intensiviert den Gesamteindruck von Frische. In den ersten Jahren sehr temperamentvoll, leichter bis mittlerer Körper.

GLENKINCHIE

1986 Amontillado Finish (43 Vol.-%)

Delikate Walnußaromen verbinden sich mit Malzigkeit und dem typischen Grasgeschmack. Abgerundeter als der 10jährige Malt, mit fruchtiger Note im Abgang.

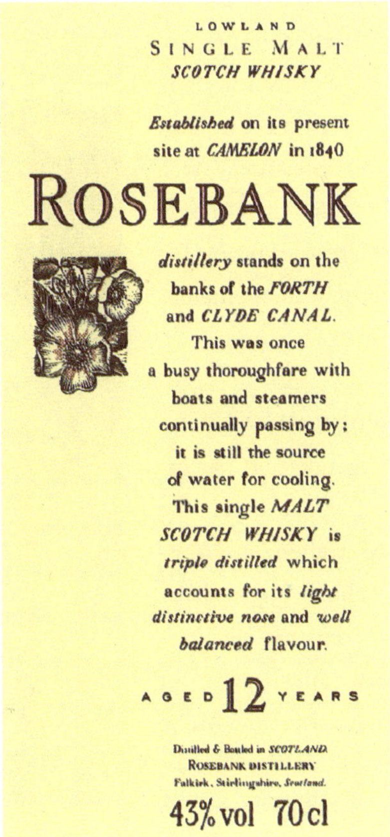

ROSEBANK *12 Jahre (43 Vol.-%)*

Enorm komplexer Duft mit Anklängen von grünem Gras, Apfel und einer Fruchtigkeit mit Heunote. Wundervoll ausgewogen, etwas rauchig am Gaumen, bevor süße Fruchtigkeit durchbricht, die unvergänglich scheint. Ein Klassiker.

SPRINGBANK *12 Jahre (46 Vol.-%)*

Erstaunlicher, mächtiger, parfümierter Duft – delikat und leicht rauchig mit positiven, malzigen Geschmacksnuancen mit leichter Sherrynote. Ein süßer, überaus reifer Beginn, bevor getrocknete Gewürze und Rauchigkeit durchdringen.

SPRINGBANK *1966 Local Barley (54 Vol.-%)*

Intensives, mächtiges Aroma. Eine Mischung aus eleganter Holzigkeit, Buttrigkeit, Zitronenschale und Pfirsichen prägen den Geschmack. Die einander überlagernden, vollmundigen Geschmacksnuancen prägen sich unauslöschlich ein.

ISLAY

DIE SÜDLICHSTE DER SCHOTTISCHEN INSELN IST DIE HEIMAT EINES EIGENSTÄNDIGEN MALT WHISKYS. WENN AUF DEM FESTLAND MANCHE BRENNEREIFAMILIEN IHREN EIGENEN STIL KREIERTEN, SO GILT DIES UM SO MEHR FÜR ISLAY.

Die Wiege des Whiskys

Wahrscheinlich war diese freundliche Insel jener Teil Schottlands, in dem der erste Whisky hergestellt wurde. Die Südspitze von Islay liegt nur 50 Kilometer vom Norden Irlands entfernt, und im 5. Jahrhundert landeten hier die ersten christlichen Mönche, die Kenntnisse der Destillation hatten und zu Heilzwecken brannten.

In Schottlands Frühzeit war Islay Teil eines altnordischen Königreiches, danach Herrschaftssitz der Lords von Islay, die, obwohl sie der schottischen Krone Treue schworen, ihre Eigenständigkeit auf den westlichen Inseln bewahrten.

UNTEN: Torfschnitt auf Islay

Legenden erzählen vom Besuch von König James IV. auf der Insel um 1490, kurz bevor er Bruder John Cor die Erlaubnis gab, Whisky herzustellen. Doch der König hat Islay nie besucht. Bruder Cor stellte große Mengen Whisky her, vermutlich kannte man die Destillation auch am Festland. Islay mag der Geburtsort sein. Es ist ziemlich unwahrscheinlich, daß man dort versuchte, die Geheimnisse der Destillation zu hüten. Was auch immer die Legenden berichten, Tatsache ist, daß Islay für die Whiskyherstellung prädestiniert ist, deshalb gibt es dort immer noch sieben Destillerien, während alle anderen westlichen Inseln höchstens noch eine besitzen.

Ein begünstigtes Klima

Das tiefliegende und fruchtbare Land erhält durch die unablässig wehenden Westwinde reichlich Regen, aber auch viel Sonnenschein. Nebenerwerbsbauern anderer Inseln hatten oft ihre Mühe mit dem Anbau der Gerste, in Islay hingegen gab es kaum Probleme. Ein weiteres Plus für Whiskyproduzenten: die Hälfte der Insel besteht aus Torfböden. Zu Zeiten der Schmuggler, Islay liegt in den Highlands, konnten die Brennblasen in den Felshöhlen der Küste versteckt und der Whisky rasch per Schiff weggeschafft werden. Als die Destillation legalisiert wurde, schlossen sich die

Whiskybrenner zusammen (wie z. B. in Lagavulin) und setzten ihre Produktion an der Küste fort. Dies bedeutete, daß die Gerste problemlos importiert werden konnte (mit Beginn der kommerziellen Destillation reichte die Gerste auf Islay nicht länger, um die Brennereien zu versorgen) und die Whiskyfässer leicht zu verschiffen waren. Bunnahabhain, die abgelegenste Destillerie der Insel, wurde bis 1970 mit dem Boot beliefert. Zum Überleben der Destillerien auf Islay trug des weiteren bei, daß die Insel von den Enteignungen weniger stark betroffen war. Während die Bevölkerung des benachbarten Jura abgesiedelt wurde, um für Schafe und Grundbesitz Platz zu machen,

OBEN: Das Meer verleiht den Malts von Islay einen speziellen Charakter.

wurde Islay „reorganisiert", wobei die Höfe der Kleinbauern in größere Farmen eingebunden wurden. Zwar zwang man die Menschen, ihren Besitz aufzugeben, doch fanden fast alle anderswo auf der Insel Arbeit. Islay hatte daher eine relativ große Bevölkerung – mit beängstigendem Durst!

Als das Brennen zur Industrie wurde, mußten dennoch viele von Islays Farmbrennereien – wie jene in Bridgend, die heute das Postamt und einen Gemischtwarenladen beherbergt – schließen. Doch von den Destillerien, die Alfred Barnard um 1880 besichtigte, existiert nur eine einzige – Lochindaal – nicht mehr. Bruichladdich und Port Ellen sind stillgelegt, aber es sieht ganz so aus, als ob erstere bald wieder ihre Tore öffnen würde, während Port Ellen heute beinahe die gesamte gemälzte Gerste der Insel liefert. Das Überleben vieler Destillerien ist erstaunlich, wenn man die Schließungen im nur 50 Kilometer entfernten Campbeltown bedenkt. Der Grund dafür ist der einzig-

UNTEN: Das mächtige Gebäude von Caol Ila

artige Geschmack und die hohe Qualität der Malt Whiskys von Islay. Die Insel läßt sich sowohl geologisch als auch landschaftlich exakt in zwei Hälften teilen. Der jüngere, südliche Teil – die Heimat von Ardbeg, Lagavulin, Laphroaig und Port Ellen – weist die größten Torfvorkommen auf und liefert naturgemäß die am stärksten getorften Malts. Die ältere, nördliche Hälfte – Heimat von Caol Ila, Bunnahabhain und Bruichladdich – ist felsiger, die Whiskys sind fester und weniger getorft. Bowmore, die Hauptstadt der Insel, liegt dazwischen – die Wasserquelle kommt aus dem alten Norden, im torfigen Charakter läßt der Süden grüßen.

Der Einfluß des Wassers

Das Wasser ist für den Geschmack der Islay-Malts besonders wichtig. Die Destillerien im Süden beziehen ihr Wasser von Bächen, die durch torfige Sümpfe fließen. Das braungefärbte Wasser hat einen leicht torfigen, moosigen Geschmack. Das Wasser des Nordens kommt von Quellen oder Bächen, die mit Torf kaum oder gar nicht in Kontakt kamen. Durch den Torfanteil, der beim Mälzen auf die Gerste einwirkt, entstehen große Unterschiede.

Der Torfgehalt von Ardbeg beträgt erstaunliche 50 bis 56 *parts per million* (ppm), der von Laphroaig, Lagavulin und Caol Ila 35 ppm, Bowmore hat 20 ppm, während Bruichladdich und Bunnahabhain den industriellen Durchschnittswert von 1 bis 2 ppm aufweisen.

Bezeichnend ist, daß der Islay-Torf für alle Destillerien entweder in Port Ellen auf die jeweiligen Spezifikationen oder, wie im Falle von Bowmore und Laphroaig, auf traditionellen Mälzböden gemälzt wird. Aber auch Torf ist nicht gleich Torf: Torf vom Festland setzt sich aus Holz, Moos und Heidekraut zusammen, während jener auf Islay aus Schichten verkohlten Seetangs besteht, die mit Moos und Heidekraut verflochten sind. Bedingt

LINKS: Die besondere Holzqualität der Fässer verleiht dem Bowmore seine Schärfe.

durch die ständig gegen die Insel peitschende Gischt, hat der Torf einen leicht jod- und salzhaltigen Geruch.

Das alles sowie die Reifung von Whisky in Lagerhäusern am Strand, in der salzhaltigen Luft, macht Islay Whisky so eigen im Geschmack.

Die Kunst des Brennens

Das soll aber nicht heißen, daß alle Islay-Malts identisch sind – im Gegenteil. Nun erst kommt die Kunst des Brennens ins Spiel. Betrachten wir die drei Destillerien an der kahlen Südküste, die durch und durch torfige Whiskys erzeugen, doch jede Brennerei weiß das Thema subtil zu variieren. Laphroaig ist am öligsten und schwersten – erinnert weniger an Torf als an geteerte Taue, Seetang und Ölzeug und schwelt als gedämpftes Feuer im Glas. Die 10jährige Standardabfüllung ist gut, mit Faßstärke ist er großartig – dies ist wie der Talisker, ein Whisky, dessen Geschmacksnuancen eine

OBEN: Saved by the bell ...

RECHTS: *Gut im Mittelfeld*

starke Grundlage benötigen, um sich wirklich entfalten zu können. Der Lagavulin ist ebenfalls torfig und muskulös, aber von größerer Eleganz, was teilweise von der Verwendung von Sherryfässern herrührt (in Laphroaig verwendet man nur ehemalige Bourbonfässer); ein kontemplativer Malt mit Tiefgang. Der Ardbeg hingegen ist überraschend komplex. Die Destillerie wurde 1997, als sie von Glenmorangie günstig erstanden wurde, vor einem schmählichen Ende bewahrt. Port Ellen, das bedauerlicherweise vermutlich geschlossen bleibt, produzierte den kompromißlosesten aller Islay-Malts, den nur wahre Torfliebhaber zu schätzen wissen.

GEGENÜBER: *Die stille Schönheit von Islays Lieblingsmalt*

Vielfalt im Norden

Im Norden der Insel ist die Situation abwechslungsreicher. Der Caol Ila weist die gleiche Torfigkeit wie der Lagavulin auf, hat aber einen ganz anderen Charakter. Jahrelang variierte das Produkt sehr, der Besitzer experimentierte mit überaus stark getorften bis ungetorften Malts. Interessant für die Blendmeister, nicht für den Käufer. Eine Abfüllung erinnerte an den Geruch von Fischen, die nächste war eher dünn und ölig. Heute herrscht wieder Ausgewogenheit, und man produziert einen Single Malt mit gutem Phenolcharakter, der sich jedoch mit dem festen Charakter, den man im Norden Islays erhält, verbindet.

Weiter nördlich an der Nordostküste liegt Bunnahabhain. Die Kombination von reinem Wasser, niedrigem Torfgehalt und riesigen Brennblasen ergibt einen etwas anderen Malt. Die Rauchigkeit mag fehlen, doch hat der Malt eine köstliche Strandfrische, eine Eigenschaft, die er mit Bruichladdich teilt. Diese wunderbare alte Destillerie, mit einem alten Maischbottich aus Eisen, produzierte den auf der Insel meist getrunkenen Malt Whisky.

Bruichladdich liegt an den Stränden von Lochindaal unmittelbar gegenüber von Bowmore. Dies ist die Achse, um die sich der Rest der Insel dreht. Der Malt ist eine köstliche, komplexe Mischung aus Fässern, gutem Torfgehalt und qualitativ hochwertiger Destillation – kaum zu überbieten.

Islay, wie alle Inseln, verfügt über eigenen Charakter und eigene Lebensart. Die Konzentration von Destillerien hat eine wichtige ökonomische Bedeutung. Die gesamte Bevölkerung ist davon abhängig, die in der Destillerie arbeitenden Männer und auch deren Frauen und Töchter, die als Fremdenführerinnen arbeiten. Bowmore hat sogar eines der alten Lagerhäuser in ein Schwimmbad umfunktioniert, beheizt mit Destillationswärme. Nirgendwo in Schottland spielt Whisky eine derart wichtige Rolle.

UNTEN: *Der wichtigste Ort der Whiskyerzeugung auf Islay*

ISLAY

DIE KLASSISCHEN MALTS

ISLAY IST DIE HEIMAT VON SCHOTTLANDS GRÖSSTER SAMMLUNG GETORFTER MALT WHISKYS. DIE SEELE DER INSEL SCHEINT IM GLAS EINGEFANGEN ZU SEIN – DIE MEERESLUFT, DER TORFGERUCH, DIE KOMBINATION VON RAUHEN AROMEN UND LIEBLICHER FRUCHTIGKEIT. NUR ZWEI SORTEN WEISEN WENIG TORF AUF UND EIGNEN SICH FÜR ISLAY-ANFÄNGER, DIE ÜBRIGEN ZEIGEN, OBWOHL SIE VOLLMUNDIG UND RAUCHIG SIND, EINE ELEGANTE KRAFT. WER DIESE MALTS EINMAL PROBIERT HAT, WIRD SIE NIE VERGESSEN.

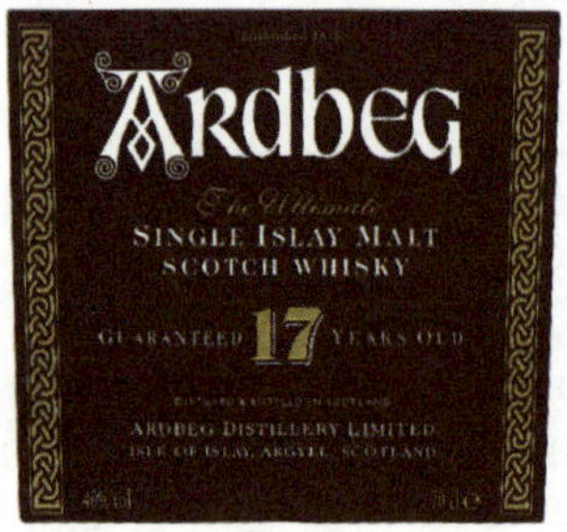

ARDBEG *17 Jahre (40 Vol.-%)*

Orangen- und Zitronenaroma. Viskos mit reicher, integrierter Torfigkeit und ausgewogenem Holzaroma. Gehaltvoll, wobei sich der Vanillegeschmack mit rauchigem Duft vermengt. Stark aromatisiert, mit Anklängen von Lapsang-Souchong-Tee und reifer Frucht.

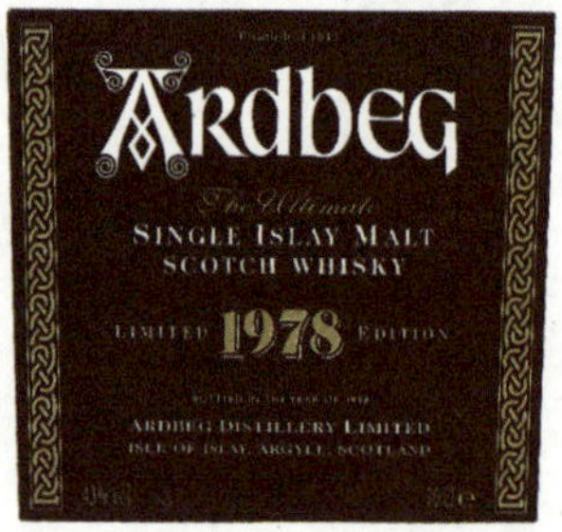

ARDBEG *1978 (43 Vol.-%)*

Das große Aroma breitet sich in vollem Umfang aus, bevor sich torfige Rauchigkeit anmutig entfaltet. Ein Anflug von Torföl am Gaumen neben gehaltvollen, rauchigen Früchten, Sahnebonbon (Toffee), Heidekraut und Salz. Großartig!

BOWMORE *17 Jahre (43 Vol.-%)*

Intensiver, eleganter Duft, der torfige Rauchigkeit, das Aroma von Orangenkeksen und malzige Verve vereint. Zigarrenaroma, torfige Rauchigkeit und Schokoladengeschmack. Elegant, weich und lang anhaltend.

BOWMORE *Darkest (43 Vol.-%)*

Herrliche Farbe. Raffiniertes und abgerundetes Aroma nach Walnüssen, Schokolade und rauchiger Orange. Von großer Ausgewogenheit.

BRUICHLADDICH *10 Jahre (40 Vol.-%)*

Abgerundet, etwas salzig mit leichter Rauchigkeit. Mit Wasser kommen Strandaromen mit einer Bergamottenote zum Vorschein. Am Gaumen etwas rauchig, bevor reizvolle, mandelartige Fruchtigkeit durchbricht. Charmant.

BUNNAHABHAIN *12 Jahre (40 Vol.-%)*

Toffee-Aroma, salzig und frisch wie das Meer. Erfrischender Beginn, abgerundet und sanft am Gaumen, mit einer plötzlich auftauchenden Ingwernote im Abgang.

CAOL ILA *15 Jahre (43 Vol.-%)*

Geschmacksnuancen, die an Medizin und Wurzeln erinnern und Lanolin und weiche Torfigkeit enthalten. Vollmundig mit einem Tabakblätter-Aroma und rauchiger Torfigkeit. Frischer, leicht salziger Abgang.

LAGAVULIN *16 Jahre (43 Vol.-%)*

Große Duftwoge mit Rauch- und elegantem Holzaroma, nussiger Fruchtnote und einer Andeutung von Ledergeruch. Reichhaltiger, pflaumiger Beginn, bevor sich im Abgang Torf wieder bemerkbar macht.

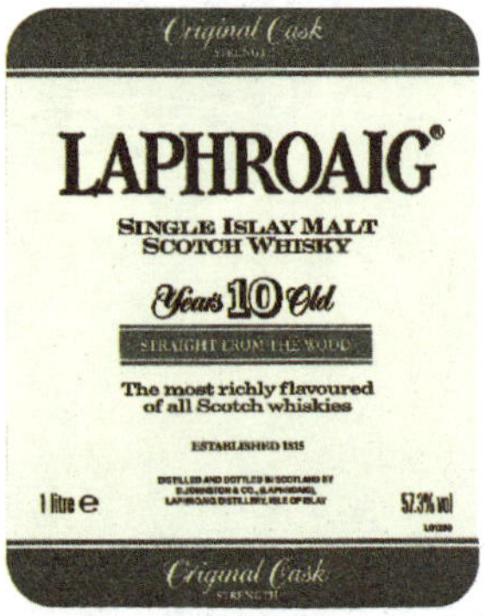

LAPHROAIG *10 Jahre mit Faßstärke (57 Vol.-%)*

Stark torfiges Aroma mit etwas fischiger Ölnote, eine reichhaltige und starke Mischung aus Seetang und Ozon. Ein sehr malziger, mächtiger und gewichtiger Malt am Gaumen.

LAPHROAIG *10 Jahre (40 Vol.-%)*

Torfiges Aroma, Jodcharakter mit leicht keksiger Knusprigkeit. Geschmack von Torf und Seetang. Ölig, vollmundig, salzig, mit etwas Kokosnußgeschmack im Abgang.

DIE WESTLICHEN INSELN UND ORKNEY

Die Inseln vor der West- und Nordküste Schottlands sind Heimat einiger der individuellsten Whiskysorten des Landes. Die Inseln trugen die Hauptlast der Enteignungen, die nach Scheitern des Aufstandes von 1745 begannen und ihren Höhepunkt Mitte des 19. Jahrhunderts erreichten. Die Menschen wurden von ihrem Land vertrieben und dadurch gezwungen, ein neues Handwerk an der Küste zu erlernen oder nach Amerika, Kanada oder Australien auszuwandern.

Vor nur 100 Jahren existierten viele kleine Gemeinden, die Ackerbau trieben, Vieh züchteten und Whisky produzierten. Die Produktion war wohl nicht allzugroß, trug aber ein Scherflein zur Pacht bei. Früher gab es Destillerien in Lewis, Pabbay und Tiree. Skye alleine konnte sich brüsten, sieben Destillerien zu besitzen. Heute gibt es außerhalb von Islay nur fünf Inseldestillerien. Sie sind Anziehungspunkte, auf die man nicht zufällig trifft wie am Festland. Man muß die Fähre nehmen und gezielt die Reise zum Bestimmungsort antreten. Die Mühe lohnt sich.

Jura

Das größte Gebäude der einzigen Siedlung der Insel, die Destillerie von Jura, blieb bestehen. Die Insel ist heute dünn besiedelt. Wenn Sie Einsamkeit suchen, sind Sie hier richtig. Durch die Nähe zu Islay erwartet man sich vom Malt aus Jura eine große, torfhaltige Variante – die zerklüftete Landschaft der Insel suggeriert einen „haarigen" Malt. Er entpuppt sich aber wider Erwarten als kleiner Charmeur mit höchstens ein paar Fasern Torf und einem nur leisen Anklang von Salzigkeit im Abgang. Der 10jährige ist ein eher milder, durchaus passabler Malt, der sich gut verkauft. Der in Sherryfässern gereifte Jura zeigt, was in ihm steckt.

GEGENÜBER: Die wilde Schönheit von Jura

Mull

Mit Mull verhält es sich ähnlich. Die zweitgrößte Insel der inneren Hebriden verlockt kaum jemand zu einem Aufenthalt. Wenn es zutrifft, daß die Mönche der frühen keltischen Kirche die Kunst der Destillation nach Schottland brachten, ist Mull sehr wahrscheinlich ein frühes Zentrum der Destillation gewesen. Gegen Ende des 18. Jahrhunderts wurde bis zu einem Drittel der Gerste der Insel in Whisky verwandelt, und heute verlassene Siedlungen – autark was Gerste anbelangte – waren bedeutende Zentren der Whiskyproduktion.

Diese Destillerie hat eine bunte Geschichte. Sie war über lange Zeit geschlossen, wechselte erstaunlich oft ihren Namen, von Tobermory zu Ledaig (und umgekehrt) und hatte eine Reihe von Besitzern. Ihre Rettung ist Burn Stewart zu verdanken, und heute werden wieder zwei Malts – ein ungetorfter Tobermory und ein getorfter Ledaig – angeboten.

OBEN: Auf dem richtigen Pfad

Skye

Die größte Insel der Hebriden zwingt die Besucher, auf ihre Eigenart einzugehen. Die stets wolkenverhangenen Berge ragen drohend empor. Ein

1631
1989
HIGHLAND PARK
JAS.GRANT & Co
HIGHLAND PARK DISTILLERY
ORKNEY

kompromißloses Land – und es überrascht nicht, daß der einzige Malt von Skye, der Talisker, einige charakteristische Eigenschaften der Insel aufweist.

Das Wasser fließt über Torf, auch die Gerste ist getorft, vermutlich aber „nur" auf etwa 25 ppm, halb so stark wie etwa Lagavulin. Warum ist dann der Talisker einer der kompromißlosesten Malts von Schottland?

Eine Erklärung für die Kompromißlosigkeit des Taliskers könnte die Form der Wash Stills sein, der ungewöhnliche Winkel des Schwanenhalses, der für einen zusätzlichen Rückfluß in die Wash Still sorgt, so daß die Spirit Stills mit reinerem Rauhbrand arbeiten.

Ein torfiger, rauchiger Whisky mit einem Hauch von verbrannten Heidekrautwurzeln und schwarzem Pfeffer aber auch süßer Fruchtigkeit. Ozonhaltige Frische ohne Jodgehalt steigt in die Nase. Die 10jährige Standardabfüllung reift in Nachfüllungsfässern, es gibt hier keine Bourbon- oder Sherryfässer. Hoher Alkoholgehalt beeinträchtigt sie nicht, sie braucht ihn vielmehr. Ein eigenwilliges Getränk, ein schroffer Einzelgänger wie sein Entstehungsort, die Insel.

OBEN: *Hinter einem ruhigen Äußeren verbirgt sich ein ungezähmter Malt.*

Orkneyinseln

Skye ist die wildeste der schottischen Inseln, Orkney hingegen scheint einer anderen Welt anzugehören. In diesem Teil Schottlands steht die Zeit still, wurden alte Bräuche beibehalten und in den heutigen Lebensstil integriert.

Die Kirche spielt zwangsläufig eine zentrale Rolle im Leben auf den Orkneys – und auch bei der Entstehung des feinsten Malts, des Highland Park. Während der Schmuggelära wurde die Destillerie von Magnus Eunsen betrieben, einem Priester, der Whiskyfässer vor den Steuereintreibern unter der Kanzel versteckte. Highland Park, die Spitzendestillerie, mälzt nach wie vor eigene Gerste unter Verwendung von Orkneys heidekrauthaltigem Torf, dessen Aroma sich bis ins Glas hält. Als Barnard zu Besuch kam, wurde dem Torf getrocknetes, blühendes Heidekraut zugefügt. Spanisches Sherryholz wird in vernünftigen Maßen verwendet, was am stärksten beim 18- und 25jährigen zu bemerken ist. Aber sogar ein 12jähriger Highland Park ist ein vorzüglich abgerundeter Malt. Er hat die Süße von Honig, Rauchigkeit, etwas Heidekrautgeschmack und einen langanhaltenden, trockenen Abgang. Ein Malt für jede Tageszeit.

LINKS: *Ein elementarer Whisky*

Die zweite Destillerie der Orkneys, Scapa, stand immer im Schatten des berühmten Nachbarn am Hügel. Der Single Malt der Destillerie ist leicht und angenehm, bleibt aber nicht wirklich in Erinnerung.

Generell ist dies eine recht unterschiedliche Gruppe von Malts, deren einzige Verbindung die Inselabstammung darstellt. Man könnte meinen, daß die besten dieser Whiskys die Besonderheiten ihrer Heimat verkörpern.

GEGENÜBER: *Ein weiteres Faß Orkneygold*

DIE WESTLICHEN INSELN & ORKNEY

DIE KLASSISCHEN MALTS

JEDE DER VIELEN SCHOTTISCHEN INSELN HAT IHR EIGENES FLAIR. GLEICHES GILT FÜR DIE WENIGEN MALTS AUS DIESER REGION, DIE ZWEI SORTEN – GETORFT (TRADITIONELL) UND UNGETORFT (MODERN) – BEFRIEDIGEN DIE NEUGIER JEDES WHISKYKENNERS, DER VON INSEL ZU INSEL HÜPFT. HIER TRIFFT MAN AUF MALTS, DIE VOR NAHEZU VULKANISCHER KRAFT EXPLODIEREN, WÄHREND ANDERE AN EINEN SPAZIERGANG AM STRAND ERINNERN. DARÜBER HINAUS FINDET MAN AUF ORKNEY EINE DESTILLERIE, DIE EINEN DER GROSSARTIGSTEN MALTS ÜBERHAUPT PRODUZIERT.

HIGHLAND PARK *12 Jahre (40 Vol.-%)*

Weiches, saftiges Aroma nach Heidekrauthonig, reifer orangiger Fruchtigkeit, Haselnüssen, Rauchigkeit und etwas Seeluft. Reicher Körper und komplex am Gaumen, schmelzende, seidige Fruchtigkeit mit Heidekrautnote, rauchiger Ausklang.

HIGHLAND PARK *18 Jahre (43 Vol.-%)*

Eleganter, konzentrierter, reichhaltiger Duft mit eindeutig torfiger Rauchigkeit. Üppig und geschmeidig, hinterläßt am Gaumen eine süße Note von Orangenschalen und Honig sowie eine duftende Kräuternote. Herrlich ausgewogen mit einem rauchigen Abgang.

ISLE OF JURA *10 Jahre (40 Vol.-%)*

Streng und etwas holzig in der Nase, aber sauber mit einem süßen Kern am Gaumen. Frisch, angenehm ausgewogen und mit einem Anklang von Salzigkeit im Abgang.

SCAPA *12 Jahre (40 Vol.-%)*

Angenehme Mischung aus süßer Frucht und leicht angesengtem Holz in der Nase. Trocken und sauber mit einer Spur torfiger Rauchigkeit. Schwungvoll fester und nussiger Geschmack am Gaumen.

TALISKER *1986 Amoroso Finish (45,8 Vol.-%)*

Gehaltvoller Körper und rauchig, wobei aber die elementare Kraft des 10jährigen gemildert wird. Satte Süßigkeit mit dunkler rosinenartiger Fruchtigkeit und Torfgeruch.

TALISKER *10 Jahre (45 Vol.-%)*

Kräftiger, scharfer Duft von massiver Torfigkeit, der verkohltes Heidekraut und Ozon anklingen läßt und sehr fruchtig ist. Am Gaumen entfaltet er süße Fruchtigkeit und würzige, salzige Aromen in Ausgewogenheit. Abgang mit einem Schuß von schwarzem Pfeffer.

TOBERMORY *(40 Vol.-%)*

Ein an feuchte Erde und Nüsse erinnernder Duft, der bis zum Gaumen durchdringt, außerdem angenehme Fruchtigkeit und ein kleiner Honigton. Nicht ganz ohne Rauchnote. Ein bißchen flach mit eher mittelmäßigen Abgang.

SPEYSIDE

Speyside besitzt die grösste Konzentration an Malt-Whisky-Destillerien – darunter viele der besten. In der Form an ein Dreieck erinnernd, erstreckt sich die Region nach Norden, entlang der Wasserscheide des Flusses Spey; vom Fuss der Grampian Mountains ausgehend, geht sie in eine fruchtbare Küstenebene über. Der isolierte, romantische Süden ist so abgeschieden wie der Rest der Highlands. Der Grossteil der Destillerien ist um die aus grauem Stein erbauten Städte angesiedelt. Durch die Landschaft fliessen Flüsse und Bäche, die in den torfigen Granitbergen entspringen. Ein perfektes Land für die Whiskyproduktion.

UNTEN: *Aultmore – beliebt bei Blendmeistern und Whiskygenießern.*

Destillerien, wohin das Auge blickt

Im Süden liegen allerorts Destillerien, wie Tomintoul und Braeval, und The Glenlivet, die Destillerie, durch die Speyside zum Zentrum für hochwertigen Malt Whisky wurde. Folgt man dem Avon, bis er auf den Spey trifft, durchquert man das saubere, nette Cragganmore und später Glenfarclas. Da reiht sich eine Destillerie an die andere, am Ende jeder kleinen Straße und Schlucht tauchen bekannte Namen, wie Tamdhu, Knockando und Cardhu, auf. Auf dem Weg nach Dufftown kommt man an Dailuaine Benrinnes und dem großartigen Abelour vorbei – und oben am Hügel, am gegenüberliegendem Flußufer erblickt man das Landgut, das Macallans Hauptbüro ist.

OBEN: Glenfiddichs Schwester – und ein besserer Malt

In Dufftown hat man die Wahl zwischen sieben Destillerien, von denen drei – Glenfiddich, Balvenie und Kininvie – nebeneinanderliegen (und auch kooperieren). Mortlach, die Destillerie, die Dufftown zur Hauptstadt von Speyside machte, ist eher unauffällig.

In Rothes würde man auf den ersten Blick keine fünf Destillerien vermuten. Nur die imposanten viktorianischen Gebäude und der elegante Garten von Glen Grant verweisen auf eine Whisky-Stadt. Die Caperdonich Destillerie muß man suchen, wobei sich die Mühe nicht unbedingt lohnt, im Gegensatz zum unterschätzten Glen Rothes und das in einem kleinen Tal versteckte Speyburn, die interessanter sind.

Die letzte große Whisky-Stadt ist Keith. Auf dem Weg nach Keith liegen Auchroisk, das eher einem modernen Hotel als einer Destillerie gleicht, und Aultmore, eine wundervolle Destillerie, deren hochwertiger Whisky bei Blendmeistern so beliebt ist, daß nur kleine Mengen als Single Malt freigegeben werden. Obwohl Strathmill und Glen Keith passable Whiskys produzieren, beruht der Ruhm von Keith auf dem fast übertrieben pittoresken Strathisla, das einen der reizvollsten und vielschichtigsten Malts von Speyside herstellt.

Von hier führt die flache Straße nach Elgin in den Nordwesten zu zwei weiteren, oft übersehenen Klassikern der Whiskyherstellung – Longmorn und Linkwood. Obwohl Elgin nur eine Destillerie besitzt, Glen Moray, das vergessene Mitglied der Glenmorangie Gruppe, sind hier große Whiskyeinzelhändler zu Hause, wie etwa Gordon & Mac Phail, ein Lebensmittelhändler und Whiskyspezialist aus den Highlands, dessen Regale sich unter dem Gewicht einer umwerfenden Auswahl an Malts biegen.

Ruhm und Reichtum

Diese rasche Rundfahrt zeigt die Konzentration von Destillerien in Speyside. Der Whisky fließt seit

OBEN: Beschauliche Ruhe im Lagerhaus von Glenlivet

Jahrhunderten aus den Brennblasen von Speyside. Mike Winchester, der Manager der Destillerie von Aberlour, ein Mann, der schottischen Pragmatismus mit dem Herzen eines Dichters vereint, neigt zu der Ansicht, daß der keltische Mönch Sankt Drostan, bezeichnenderweise unter dieser Destillerie begraben, den Whisky in diesen Teil von Schottland brachte. Zu Beginn des 19. Jahrhunderts war Speyside die Hochburg der Whiskyproduktion. Dies war die Blütezeit der Schmuggler, die Wälder und Täler als ideale Vestecke für illegale Brennapparate nutzten. Allein in Glenlivet sollen zu jener Zeit an die 200 Brennblasen in Betrieb gewesen sein.

Das Ende der Schmuggelära

Es war Alexander Gordon, ein Aristokrat aus Speyside, der durch eine Gesetzesänderung die

Schmuggelära beendete und das moderne Zeitalter des Malts ermöglichte. Er führte die Brenner aus der Illegalität und ermöglichte ihnen den Verkauf am freien Markt.

Der erste, der die neuen Möglichkeiten nutzte, war George Smith. Dieser Statuswechsel erweckte den Zorn seiner Nachbarn, die drohten, seine Destillerie Glenlivet niederzubrennen. Doch Regierung und Gutsherren brachen den Widerstand der illegalen Brenner. 1836 waren die meisten Schmuggler entweder legalisiert oder Farmer.

LINKS: *Ein feines Sortiment*

Königliche Vorlieben

Glenlivet hatte schon vor der Gesetzesänderung einen beachtlichen Ruf. Doch die Gesetzeslage erlaubte nicht, jenseits der Highlands in den Lowlands erzeugten Whisky zu verkaufen. Glenlivet war jedoch eine der Lieblingsdestillerien von König Georg IV., der nach Glenlivet-Whisky verlangte, als er 1822 Edinburgh besuchte. Der König erhielt seinen Glenlivet, durch seine Vorliebe begann der Aufschwung von Speyside.

Immer mehr Brenner folgten dem Beispiel von George Smith und arbeiteten legal. Sie versuchten, ihren Whisky als Glenlivet auszugeben. Zu jener Zeit waren so viele Whiskys dieses Namens am Markt, daß Glenlivet als die längste Schlucht Schottlands bezeichnet wurde. 1880 ließ Smith' Sohn seinen Namen schützen, und bekam das alleinige Recht auf den Namen The Glenlivet zugesprochen. Die anderen Destillerien von Speyside durften die Bezeichnung an ihren Namen anhängen. Bis vor kurzem wurde dies auch von bis zu 20 Destillerien praktiziert, darunter Macallan, Glenfarclas und Balvenie.

Im vorigen Jahrhundert war diese Region noch abgeschieden. Es existierten keine Straßen: Der Whisky mußte mit Lastpferden zu den Häfen transportiert werden. Erst als James Grant (von der berühmten Glen-Grant-Dynastie) die erste Eisenbahnlinie nach Rothes brachte, wurde Speyside mit dem Süden Schottlands verbunden. Nun konnten nicht nur die Brenner ihre Malts zu den Verschneidezentren in Perth, Glasgow und Leith transportieren, sondern auch die Kohle aus den Lowlands zu den Mälzereien und Brennblasen holen. Dies steigerte die Whiskyproduktion. Dennoch hielt Speyside an der guten alten Zeit fest.

Sir Robert Bruce Lockhart läßt in seinem phantastischen Buch *Scotch* die Erinnerung an seine Kindheit in dieser Region zu Beginn des Jahrhunderts aufleben. Doch die Ruhe jener Tage ist vorbei. Heute besuchen immer mehr Whiskyliebhaber aus aller Welt diese Region, um ihr heißgeliebtes Getränk vor Ort zu probieren.

UNTEN: *Mit Glenfiddich begann alles.*

RECHTS: Ein Malt mit bemerkenswerter Tiefe

GEGENÜBER: Alchemie im Marallan

Gegen Ende des 19. Jahrhunderts war Blended Whisky in aller Welt begehrt, weshalb die Blendmeister immer größere Mengen Malt benötigten. Der Whisky aus Speyside konnte rasch zu den Blendzentren transportiert werden, und die Blendmeister des Landes erkannten, daß hier exzellente Whiskys produziert wurden. Auch heute gibt es nur wenige erstklassige Blends, die nicht einen Speyside als zentralen Malt besitzen.

Es ist kein Zufall, daß es ein Malt aus Speyside der Vorreiter war, der, als der Malt Whisky dem Kreis einiger weniger passionierter Liebhaber entwuchs, auf das internationale Parkett gelangte – der Glenfiddich.

Die perfekten Zutaten

Speyside grenzt an Laich O'Moray, das schottische Hauptanbaugebiet für Gerste, verfügt über den Torf des Faemussach-Moores, über Wasser in Hülle und Fülle, jahrelange Erfahrung und Transportverbindungen.

UNTEN: Die Qualität der Holzfässer – eines der Geheimnisse von Glenfarclas

Das Wasser enthält Säure aus der Torfschicht, die die Granithügel bedeckt, ist eisenfrei und weist Spurenelemente, wie Kalzium und Kupfer, auf. Praktisch jede Destillerie hat ihre eigene Wasserquelle, deren minimale Abweichungen die fundamentalen Unterschiede der einzelnen Malts bewirken.

Heute wird hier wenig Torf eingesetzt. Nur Seagram experimentierte, indem er den Glen Keith kräftig vertorfte. Das Ergebnis ist der Glenisla (das Wortspiel ist zweifelsohne beabsichtigt), ein herrlicher Whisky, der, als er kürzlich bei einer Verkostung präsentiert wurde, sämtliche Anwesenden bewog, die Firma zu bedrängen, ihn auf kommerzieller Basis herzustellen. Obgleich dieser Wunsch kaum in Erfüllung gehen dürfte, zeigt das Glenisla-Experiment, wie manche Malts sich mit Torf entfalten. Normalerweise ist der Glen Keith ein Whisky zum Verschneiden, getorft ist er von großartiger Komplexität.

Jeder Brennmeister hat eigene Ansichten hinsichtlich der Zutaten. Manche heben das Wasser hervor, andere preisen die Gerste, wieder andere bestehen darauf, daß die Brennblasen oder die Art der Fässer den Ausschlag geben.

Brennblasen aller Formen und Größen

Es gibt riesige (Glenfarclas) und winzige Brennblasen (Macallan und Glenfiddich), mit Dampf, Gas oder Feuer beheizte (Macallan, Glen Grant, Glenfarclas und Glenfiddich), manche haben Rückflußkolben, andere Reinigungsapparate (Glen Grant hat beides). Die Kondensatoren biegen sich aufwärts, abwärts oder seitwärts, in Cragganmore gibt es sogar abgeflachte Brennblasen mit zwei Kondensatoren, während sich alle Brennblasen in Mortlach in Größe und Form unterscheiden.

Fässer, vor allem ehemalige Sherryfässer, tragen ebenfalls zum einzigartigen Charakter der Malts

OBEN: *Cragganmore – eine versteckte Schönheit*

von Speyside bei. Es gibt nicht viele Malts, die Sherryfässer vertragen – Sherry neigt dazu, leichte, ätherische Geschmacksnuancen zu überdecken – doch gibt es einige gehaltvolle, vielschichtige Whiskys aus Speyside, welche die Fruchtigkeit des Sherrys aufweisen. Der Macallan reift nur in Sherryfässern, auch Glenfarclas verwendet heute fast nur diese. Die kürzliche Einführung der Sherry-Komponente in Aberlour verbesserte einen an sich schon guten Malt zu einem exzellenten Whisky.

Die Teilung von Speyside

Es stellt sich die Frage, ob sich ein einheitlicher Speyside-Charakter feststellen läßt. Die Malts nach Regionen einzuteilen bereitet Schwierigkeiten, da die Malt Whiskys dieses Gebietes aufgrund der großen Anzahl von Destillerien sehr unterschiedlich sind. Basierend auf dieser Tatsache ist es selbst für profunde Kenner schwierig, ein einheitliches Muster herauszulesen. Tom Fiddler schlug im *Scotch Whisky Society Newsletter* eine Einteilung in acht Gruppen von Destillerien vor. Er unterteilt Speyside in die Banffshire Bank, die Morayshire Bank sowie die Destillerien der folgenden Städte: Rothes, Dufftown, Elgin und Keith. Die verbleibenden zwei Gruppen umfassen die Destillerien an der Küste und an den östlichen Hügeln.

Wenn Ihnen das übertrieben erscheint, dann freunden Sie sich vielleicht mit der Lösung der Chivas-Brüder an, die Speyside in den Norden und den Süden trennten. Die Küste, Elgin, Keith und Rothes werden dem Norden, Dufftown, die Banffshire Bank, die Morayshire Bank und die Hochland-Destillerien dem Süden zugeordnet. So erhält man zwei etwa gleichwertige Gruppen. Wenngleich jeder Malt einen eigenen Charakter besitzt, zeichnet sich die Nordgruppe von Speyside durch größere Komplexität und Süße, der Süden durch mehr Trockenheit und Malzigkeit aus.

OBEN: *Aberlour*

Die Faszination eines Speyside-Besuches besteht darin, von einer Destillerie zur anderen zu spazieren und die Malts zu vergleichen. Tamdhu und Knockando z. B. liegen einander gegenüber, produzieren aber völlig unterschiedliche Whiskys. Glen Grant und Caperdonich haben dieselbe Wasserquelle, sind aber unverwechselbar.

Erstklassige Malts aus Speyside

Die Vielzahl großartiger Speysides verdankt die Region der Mehrheit der 60 Destillerien, die Whisky von höchster Qualität herstellen. Ein Besuch dieser Brennereien lohnt sich auf jeden Fall,

OBEN: *Die Brennblasen von Glenfiddich gehören zu den kleinsten von Speyside.*

da viele davon Weltklasse-Whiskys produzieren. 14 Destillerien, aus denen sich die Speyside Classics zusammensetzen (*siehe* S. 46–49), auszuwählen, war eine besonders schwierige Aufgabe, die uns nicht leicht gefallen ist.

Die Auswahl reicht vom äußerst eleganten, gehaltvollen Macallan, bis zur hervorragenden Auslese von Glenfarclas, die an Gewicht und Stil gewinnt, je älter sie wird. Der als 10jähriger leicht grasige Glenfarclas nimmt nach weiteren fünf Jahren in Sherryholz einen Minzton, Fruchtigkeit und Nussigkeit an. Mit 30 Jahren ist er einer der besten Malts von Schottland und eine der erlesensten Spirituosen der Welt.

Vom cremigen, eleganten Aberlour wird, nachdem er jahrelang vor den Augen der Welt verborgen war, jetzt fast jede Woche eine neue Version zum Verkauf freigegeben. Man hat die Wahl zwischen großartiger Faßstärke, Sherry-Abgang und hundertprozentigem Sherryholz. Der Cragganmore macht kaum von sich reden, obwohl er zu den Classic Malts zählt, was erstaunlich ist, da er die Komplexität von Speyside, wie sie besser nicht sein könnte, repräsentiert. Diesen gehaltvollen, leicht rauchigen Malt, der einen Hauch von Süße ahnen läßt, kann man im Mund zergehen lassen, ohne je alle Geschmacksnuancen zu erfassen. Ähnlich raffiniert ist die Auswahl von Balvenie sowie der frische, delikate Knockando oder der in seiner Komposition herrlich ausgewogene Tamdhu.

Es gibt aber auch unberechtigterweise unterbewertete Malts; Glenlivet ist ebenso wie Glen Grant, der oft – hauptsächlich weil er bereits als 5jähriger nach Italien zum Verkauf kommt – als leicht und inkonsequent abqualifiziert wird, eine zweite Probe wert. Wird er längere Zeit in den Fässern gelagert, geschieht Erstaunliches. Der Glen Grant gehört zu jenen Malts, die von langer Reife profitieren. Bei der ersten Verkostung hält man ihn für einen passablen, süffigen Whisky, aber hinter dieser anheimelnden Fassade verbirgt sich ein überraschend harter, vielschichtiger Charakter.

Markenname oder König der Malts?

Der Glenfiddich ist heute der meistverkaufte Malt der Welt. Der Erfolg beruht nur mehr auf seinem Markenzeichen. Der Besitzer William Grant selbst betrachtet ihn eher als eine prämierte Marke, die mit Johnnie Walker Black Label oder Chivas Regal konkurriert. Daran ist nichts auszusetzen, da die Standardabfüllung nicht viel mit den glorreichen Malt Whiskys, die in Speyside produziert werden können, gemein hat. Der Maltliebhaber sollte die Destillerie unbeachtet lassen. Bedauerlich, denn der Glenfiddich präsentiert sich nach ausreichender Lagerung – sagen wir 18 Jahren – als ein Tropfen von eleganter Ausgewogenheit.

Vier weitere Destillerien, die geradezu vernachlässigt werden: Mortlach, Strathisla, Longmorn und Linkwood. Mortlach führt, wie so viele aus der Produktion von UDV, ein Schattendasein. Der wenig bekannte Malt, dessen Name von den

Kennern, die seinen Charme entdeckten, mit Ehrfurcht genannt wird, ist eher massiv als groß. Ein mächtiger, intensiver Malt, der einige Merkmale mit dem gewichtigen, gehaltvollen Longmorn gemein hat. Beide erscheinen so solid und rätselhaft wie das Massiv des Ben Rinnes, des düsteren Berges, der die Landschaft von Speyside überragt. Strathisla und Linkwood sind mittlerweile so trügerisch wie der Spey selbst – reizvoll und friedlich aber mit überraschenden, geheimen Untiefen.

Unübertroffene Qualität

Speyside hat Bestand, während andere Regionen untergingen, denn die Qualität der Whiskys (größtenteils) wird von keiner anderen Region erreicht. Während die Identität anderer Gebiete auf ein oder zwei herausragenden Charakteristika beruht – Süße in Perthshire, Heidekrautaroma im Norden, torfige Rauchigkeit und Ozon auf den Inseln –, verfügt Speyside über eine breite Palette an ausgewogenen Geschmacksnuancen.

UNTEN: Malt Whisky in sicheren Händen

SPEYSIDE

DIE KLASSISCHEN MALTS

SPEYSIDE WURDE DAS „GOLDENE DREIECK" DES MALTS GENANNT. ES GIBT KEINE ANDERE REGION, DIE EINE ÄHNLICHE KONZENTRATION AN QUALITATIV HOCHWERTIGEN MALTS AUFWEIST. WUNDERBARE KOMPLEXITÄT UND AUSGEWOGENHEIT SIND HIER AN DER TAGESORDNUNG. OBWOHL ALLEN EIN GEWISSES VORNEHMES RAFFINEMENT GEMEINSAM IST, FINDET MAN UNENDLICH VIELE VARIATIONEN. MANCHE SCHWELGEN IN OPULENTEN, REICHHALTIGEN SHERRYNOTEN, ANDERE SIND SAUBER, LUFTIG, ABER SIE ALLE VERBINDET EINE VORNEHME ELEGANZ.

ABERLOUR *10 Jahre (40 Vol.-%)*
Sauberer Duft mit Sahnebonbon- und Vanillenote. Reichhaltiger Körper und glatt mit sauberem Schwung im Abgang.

ABERLOUR *15 Jahre, Sherry Finish*
Cremig süßer Duft mit etwas Buttrigkeit. Gehaltvoll und üppig mit zentraler Fruchtigkeit mit Rosinen- und Sultaninengeschmack und einem Abgang, der an Weizencracker erinnert.

ABERLOUR *18 Jahre, in Sherryfässern gereift*
Eleganter Duft von pflaumiger Fruchtigkeit. Süß, reichhaltig und zäh mit sehr langanhaltendem, abgerundetem Ausklang.

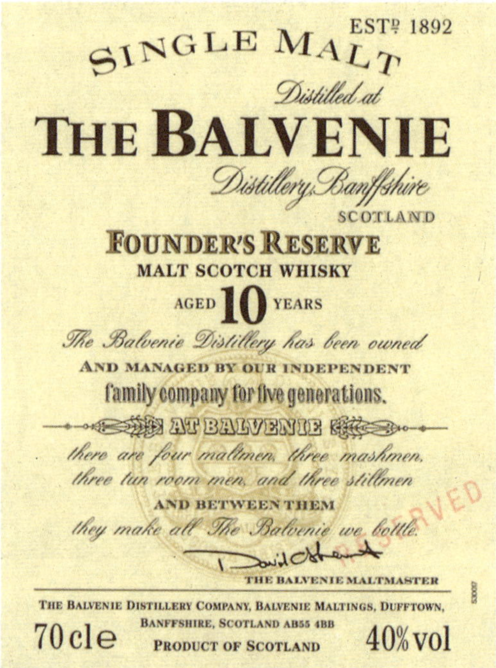

BALVENIE *10 Jahre (40 Vol.-%)*
Etwas zurückhaltendes Aroma mit Zitrus- und Kräuternote und etwas Rauchigkeit. Hitzig, süß und von eleganter Ausgewogenheit.

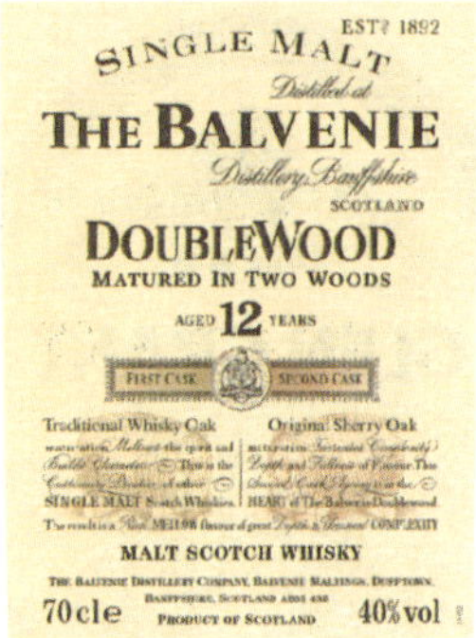

BALVENIE *Double Wood, 12 Jahre (43 Vol.-%)*
Ähnlich kräuterbetont, aber von höherer Konsistenz. Mandarinenton, Butter- und Nußaroma am Gaumen. Großartiges Gleichgewicht.

CRAGGANMORE *12 Jahre (40 Vol.-%)*
Komplexer, parfümierter Duft, der Weihrauch, Pflaumen und Rauchigkeit vereint. Am Gaumen anfänglich eine Malznote, die in eine zentrale Süße mit Schlehenaroma und Rauchigkeit übergeht. Gehaltvoll und herrlich ausgewogen. Der Inbegriff eines Speyside.

CRAGGANMORE *1984 Port Finish (40 Vol.-%)*
Süßer Duft mit satter roter Fruchtnote. Gehaltvoll mit pflaumigem Tiefgang. Mehrschichtiges Aroma, langanhaltend und abgerundet.

GLENFARCLAS *105 (60 Vol.-%)*
Der Alkoholgehalt dieses Malts macht sich ein wenig zu aggressiv bemerkbar, ein saftig süßer Kern dringt jedoch durch.

GLENFARCLAS *30 Jahre (43 Vol.-%)*
Süßer Duft, der an Rosinen denken läßt, des weiteren an süße Früchte, Nüsse und Käse. Am Gaumen wie geröstete Mandeln, Walnüsse und eine Fruchtigkeit, die an Orangen aus Sevilla erinnert. Mächtiger, anhaltender Abgang. Ein Malt von höchster Qualität.

GLENFIDDICH *(40 Vol.-%)*
Sehr blaß, mit sehr hellem, süßem Aroma. Einfach.

GLENFIDDICH *18 Jahre*

Blasse Farbe mit hellem, an Farnkraut erinnernden Duft; süß und sauber am Gaumen. Glenfiddich, mehr als 12 Jahre gereift, ist ein hervorragender Tropfen.

GLENLIVET *12 Jahre (40 Vol.-%)*

Sauberes Aroma mit viel cremiger, blumiger Fruchtigkeit und einem Hauch von Rauchigkeit. Am Gaumen leicht mit Heidekrautnote. Durchgängig eine schwungvolle, frische Note.

GLENLIVET *18 Jahre (43 Vol.-%)*

Reichhaltiger, leicht rauchiger Duft mit Anklängen von verbrannter Orange, Muskat und Honigfrucht. Er erfreut den Gaumen mit glatten, eleganten Sherrynußtönen, Cremigkeit und einem Hauch von Torf. Lang und glatt.

GLEN GRANT *10 Jahre (40 Vol.-%)*

Mehlig und blumig mit frischem Apfelaroma. Mit Wasser getrunken, kommt Erdbeer- und Sahnegeschmack zum Vorschein. Mittelschwer und frisch, aber überraschend gehaltvoll.

KNOCKANDO *1980 (43 Vol.-%)*

Leichter, luftiger Duft mit sanften Blütenaromen. Blumig und mit einem Anflug von griechischem Joghurt und Honig, die hinter der Frische am Gaumen zum Tragen kommt. Ein geschmackvoller Tropfen für die Mittagszeit.

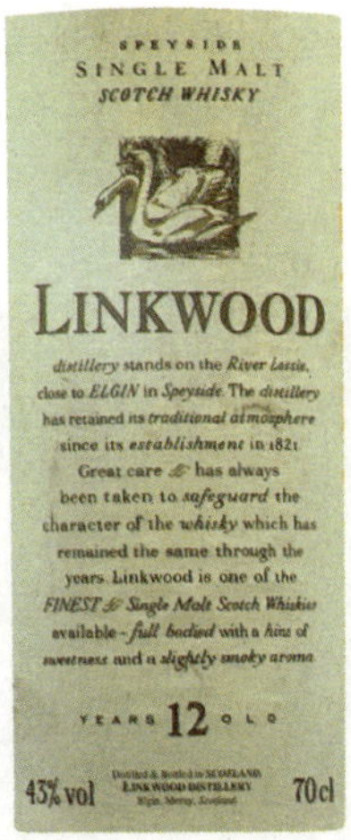

LINKWOOD *12 Jahre (43 Vol.-%)*

Schwungvolles Aroma mit Zitronen- und Sandelholznote und etwas Alkohol, stark malzig. Anfänglich kräuterbetont, sauber und frisch.

LONGMORN *15 Jahre (45 Vol.-%)*

Überreife Fruchtigkeit mit etwas Melasse, Toffee und Honigwabe. Am Gaumen entfalten sich Melasse, getrocknete Kräuter und Nußgeschmack. Ölig, elegant und dicht im Abgang.

MACALLAN *18 Jahre (43 Vol.-%)*

Reichhaltiger und sehr sherrybetonter Duft, der an Walnüsse und reife, pflaumige Früchte erinnert. Volles, komplexes Aroma mit Schokoladennote. Die frische, florale Note in der Gaumenmitte verhindert Übersättigung. Eine Klasse für sich.

MACALLAN *Gran Reserva (40 Vol.-%)*

Komplexer Duft, der an rosarote Grapefruit, Karamelbonbon, Honig, Walnuß und ein wenig an Klee erinnert. Mit seiner dunklen Farbe überraschend delikat, mit intensiver Fruchtigkeit. Elegant und langanhaltend.

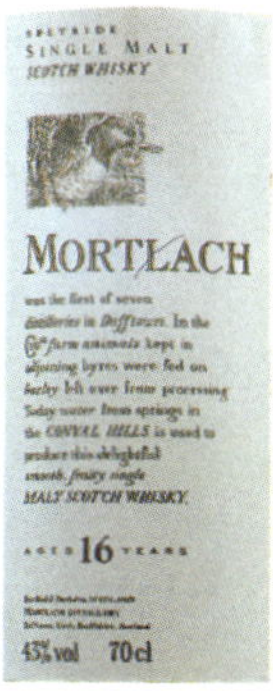

MORTLACH *16 Jahre (43 Vol.-%)*

Fester und reichhaltiger, erdig rauher Duft. Reife und konzentrierte exotische Aromen nach Weihrauch und karamelisierten Früchten. Ein schwerer, mächtiger Whisky, der sich durch seinen gehaltvollen Geschmack auszeichnet, aber nicht süß ist.

STRATHISLA *12 Jahre (43 Vol.-%)*

Reichhaltig, mit schöner Tiefe. Weiche Farnkrautaromen mit komplexen Schichten von Toffee und gerösteten Haselnüssen. Eleganter Geschmack am Gaumen mit feiner Rauchigkeit und cremig geschichteten Pflaumen- und Dattelnoten.

TAMDHU *(40 Vol.-%)*

Frischer Duft mit Anklängen von Gras und Freesie. Eine Andeutung von Rauchigkeit und Minze am Gaumen. Blumig mit sauberem Abgang.

DIE HIGHLANDS

OBEN: Charmeur mit Honignote

GEOGRAPHISCH GESEHEN, ERSTRECKT SICH DAS SCHOTTISCHE HOCHLAND ENTLANG EINES TEKTONISCHEN GRABENS, DER DIAGONAL VON GIRVAN IM WESTEN NACH STONEHAVEN AN DER OSTKÜSTE VERLÄUFT. EINE ZEITLANG WAR DIES AUCH DIE GRENZE DER BERÜCHTIGTEN HIGHLAND-LINIE. BEI DEM VERSUCH, DIE KLEINEN BRENNEREIEN NACH DER SCHLACHT VON CULLODEN ZU RUINIEREN, VERFÜGTE DIE BRITISCHE REGIERUNG, DASS IN DEN HIGHLANDS ZWAR WHISKY ERZEUGT, ABER VON 1784 BIS 1816 AB DIESER GRENZLINIE NICHT VERKAUFT WERDEN DURFTE. DIE GRÖSSE DER BRENNBLASEN WAR VORGEGEBEN, UND ES DURFTEN NUR LOKALE INGREDIENZEN VERWENDET WERDEN. MAN HIELT SICH NICHT DARAN. TATSÄCHLICH MACHTEN DIE KLEINEREN BRENNBLASEN UND DIE AUSSCHLIESSLICHE VERWENDUNG VON GERSTE DEN HIGHLAND WHISKY ZU EINEM IMMER BEGEHRTEREN GETRÄNK.

Die Highlands werden traditionell in vier Regionen unterteilt, in den Süden mit Perthshire, den Westen, den Osten mit Aberdeenshire, und den Norden. Diese Einteilung erleichtert die Bewertung. Schottlands Landschaft ist abwechslungsreich. Besucher sind oft überrascht, daß man an einem Tag vier Jahreszeiten erlebt und auf der 270 Kilometer langen Fahrt von Glasgow nach Inverness von flachen Schwemmebenen über sanfte Hügel und Moore in wilde Gebiete gelangt. Auch die Malts spiegeln diese Vielfalt wider.

Der Süden und Perthshire

Die meisten Destillerien dieser Gegend verdanken ihre Existenz dem Auftauchen des Blended Scotch

im 19. Jahrhundert. Neue Produktionsstätten wurden errichtet, doch waren viele Destillerien ehemalige Farmhäuser. Der Transport zu den Verschneidezentren von Perth, Glasgow und Leith war einfach, Torf wurde nur wenig verwendet (Kohle gab es im Überfluß), wodurch sich Whiskys von größerer Leichtigkeit entwickelten.

Obwohl nur wenige dieser Betriebe des 19. Jahrhunderts überlebten, hielt sich diese erfrischende, leicht süße Note in Malts wie Glengoyne, der als ungetorfter Malt vermarktet wird. Die gleichnamige alte Farmbrennerei in Sichtweite von Glasgows nordwestlichen Vororten liegt am Fuß der ersten Hügelreihe, die sich entlang der Südgrenze der Highlands zieht. Genau genommen befinden sich die Lagerhäuser von Glengoyne in den Lowlands! Der Deanston, ein weiterer Malt dieser Region, hat gleichfalls diesen weichen, ungetorften Geschmack.

Nördlich von Perth sind die Hügel höher, und obwohl die Täler noch saftig grün und breit sind, hat man das Gefühl, im Vorzimmer der Highlands zu sein. Traditionell lag der Schwerpunkt in den Blends – kein Wunder, daß Aberfeldy und Blair

UNTEN: Eine perfekte Idylle – Glenturret

OBEN: *Verkostung in der Destillerie Deanston*

Atholl von Dewar's und Bell's errichtet wurden. Man findet Single Malt-Abfüllungen beider Firmen, entscheiden Sie sich für den Aberfeldy.

Glenturret – traumhaft gelegen – verkauft nur in der Brennerei, die jedes Jahr bis zu 250 000 Besucher zählt. Der unglaubliche Erfolg von Glenturret als Touristenattraktion verleitete die Besitzer dazu, Whisky jeden Alters und unterschiedlichen Alkoholgehalts zu verkaufen – sogar als Likörbasis.

Allen diesen Malts ist der Pertshire-Charakter gemeinsam, ein weiches Aroma mit leichter Honignote, einem Hauch von Rauchigkeit und mit trockenem Abgang. Recht angenehm, aber nicht zu vergleichen mit Edradour, dem Malt aus Schottlands kleinster Destillerie, wo noch nach alter Tradition gebrannt wird. In der versteckt neben einem Bach gelegenen Destillerie werden winzige Brennblasen verwendet; das Ergebnis ist der Pertshire, ein besonderer Malt – sprudelnd, würzig, mit Honig- und Karamelaroma.

Der letzte der südlichen Malts wird in Dalwhinnie erzeugt, das nahe des Gipfels des Drumochter Passes liegt. Die Landschaft hat sich gewandelt, beidseitig der Straße ragen Berggipfel empor. Es ist ein Scheideweg – zwischen zwei Landschaftstypen, und auch zwischen den sanften Malts des Südens und den torfbetonten Varianten mit Heidekrautnote des Nordens.

Der Westen

Die Distanzen zwischen den Destillerien an Schottlands Westküste sind groß. Die florierenden Betriebe der kleinbäuerlichen Gemeinden in diesem Teil Schottlands, der außergewöhnlich schön ist, sind längst verschwunden. Ebenso aufgegeben wurden jene, die am Ufer von Loch Fyne und der Mündung des Clyde aus dem Boden sprossen, und deren Whisky per Zug zu den Blendern nach Glasgow transportiert wurde. Heute findet man nur noch zwei Brennereien vor.

Die erste ist Oban, eine der ältesten schottischen Destillerien und mit einem herrlichen Blick auf den Pier. Etwa 80 Kilometer nördlich, in Fort William, liegt Ben Nevis. Diese Destillerie ist im Besitz der japanischen Firma Nikka. Es werden großteils japanische Sorten hergestellt, was bedauerlich ist, da der ursprüngliche Single Malt umwerfend stark ist und gehaltvolle, konzentrierte Geschmacksnuancen aufweist. In vielerlei Hinsicht gleicht er dem gleichnamigen Berg: massiv, undurchdringlich und der Entdeckung harrend.

Der Osten

Der Ben Nevis scheint diesen reichhaltigen Charakter mit einem weiteren „Berg"-Malt gemein zu haben, obwohl dieser vom östlichen Ausläufer der Grampians stammt – dem Royal Lochnagar, einem feinen Repräsentanten der heute gefährdeten Malts aus den östlichen Highlands.

Nur noch vier Destillerien sind in Betrieb: Glencadam in Strathmore, Old Fettercairn in Mearns, Glen Garioch in der Stadt Oldmeldrum in Aberdeenshire und Royal Lochnagar im Herzen von Deeside. Die beiden ersteren produzieren keine qualitativ hochwertigen Whiskys, aber der Royal Lochnagar ist großartig und der Glen Garioch ein oft unterschätzter Charmeur. Er kommt vom östlichen Ende des Garioch-Tales und gehört zum Hause Morrison Bowmore, weshalb die Mälzböden und der hohe Torfzusatz kaum verwundern. Sein Aroma und seine Kräuternote beweisen, daß dieser Teil des Landes Whiskys mit Charakter hervorbringt, die es mit der Wirkung von Sherryfässern aufnehmen können. Die Destillerie wurde erst kürzlich wiedereröffnet, im Gegensatz zu Huntly und Ardmore, deren Single Malt – oft mit ähnlichem Torfgehalt wie der Glen Garioch – eine Rarität darstellt. Die meisten anderen Destillerien des Ostens wurden entweder niedergerissen oder umgebaut. Gelegentlich findet man eine Abfüllung von Marken wie North Port

LINKS: Klein, aber von vollkommener Form

UNTEN: Der Duft von Aberdeenshire

GLENMORANGIE
DISTILLERY
PROPRIETORS
MACDONALD & MUIR LTD LEITH
STAFF
DISTILLERY
OFFICE

(aus Brechin, der Heimatstadt des Glencadam) und Glenurie Royal (aus der Hafenstadt Stonehaven), aber die Bestände laufen aus. Besser dürfte es um Montrose's Lochside, einer weiteren Küsten-Destillerie, bestellt sein, aber abgesehen davon, besteht wenig Hoffnung, daß der Osten wieder Fuß faßt.

Der Norden

Gegenwärtig werden sieben Destillerien betrieben, am Küstenstrich nördlich und östlich von Inverness gelegen. Bedauerlicherweise weist in der Hauptstadt der Highlands nichts darauf hin, daß auch hier ziemliche Mengen an Whisky erzeugt wurden. Black Isle, das zwischen den Fjorden von Moray und Cromarty liegt, war die Heimat von Schottlands erster „Whisky-Marke" – dem Ferintosh, der dank der politischen Ergebenheit seines Besitzers nach dem ersten Aufstand der Anhänger Jakobs IV. einen zollfreien Status zugestanden bekam. Den Ferintosh gibt es längst nicht mehr. Die einzige Destillerie in der Nähe ist Glen Ord. Hier findet man nicht nur gewaltige Mälzereien, die Malts für den Großteil der Destillerien der Highlands und die Inselbrennereien herstellen, sondern auch einen leicht rauchigen Malt mit Sherrynote und mittlerem Körper, der eine immer größere Anhängerschaft gewinnt.

Die übrigen Destillerien des Nordens befinden sich an der Küste, was den meisten von ihnen einen Hauch von maritimem Charakter verleiht: Glenmorangie einen Anflug von Ozon, Pulteney, Balblair eine salzige Note und Clynelish ein Aroma von Algen und trocknenden Muscheln. Obwohl die Gruppe so unterschiedliche Malts umfaßt wie den delikaten, aromatischen Glenmorangie einerseits und den Clynelish und Balblair andererseits, verbinden sie heidekrautgetönte, manchmal erdige Aromen und Geschmacksnuancen. Honigsüße und Samtigkeit der südlichen Highlands haben härteren Malts Platz gemacht. Sie vertragen hohen Torfgehalt – die alte Brora Destillerie produzierte einen Malt im „Talisker-Stil", als die Skye Destillerie in Flammen aufging, scheut aber vor dem Gebrauch von Sherryfässern zurück.

Die gute Qualität ihres Whiskys hinderte die Glenmorangie Destillerie – produziert nach wie vor den meistverkauften schottischen Malt – nicht, eine Analyse der Faßlagerung vorzunehmen, um die geeignetste Faßtype für ihren Malt zu finden. Während eine langsame Reifung in Sherryfässern außer Frage steht, hält den Brenner nichts davon ab, den Malt erst in ehemaligen Bourbonfässern altern zu lassen, und ihm dann ein kurzes Finish in anderen Faßtypen zu gewähren.

GEGENÜBER: Heimat des meistverkauften schottischen Whiskys

LINKS: Ein Hauch von Meer im Aroma

UNTEN: Die Pot Stills von Clynelish

DIE HIGHLANDS

DIE MALTS DER SÜDLICHEN HIGHLANDS UND AUS PERTHSHIRE ZEICHNEN SICH DURCH EINE HONIGNOTE AUS, WÄHREND JENE VON DER OSTKÜSTE EIN UNVERWECHSELBARES MALZIGES, EXOTISCHES AROMA AUFWEISEN. AN DER WESTKÜSTE GIBT ES KAUM DESTILLERIEN, ABER EINER DER BESTEN MALTS DES GEBIETES BESTICHT DURCH EINE MEERESNOTE, DIE DIE AROMEN DER MALTS AUS DEM NORDEN DOMINIERT, EINER REGION, DEREN AUSWAHL AN KOMPLEXEN, FACETTENREICHEN MALT WHISKYS HÄUFIG ÜBERSEHEN WIRD.

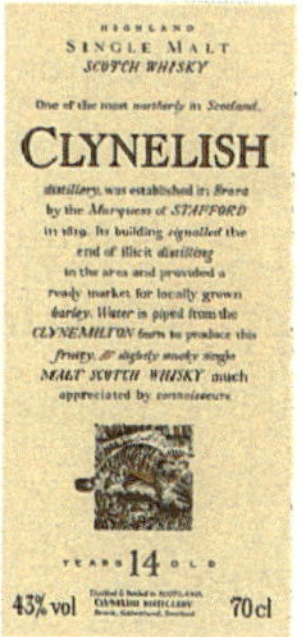

CLYNELISH (NORTH) *14 Jahre (43 Vol.-%)*

Voller Strandaromen: rauh, mit einer Andeutung von Seetang-Geruch an der Grenze von Ebbe und Flut. Anfänglich rauchig mit einer Jodnote, danach an der Gaumenmitte süße Fruchtigkeit von Sultaninen und ein trockener Ausklang.

DALMORE (NORTH) *12 Jahre (40 Vol.-%)*

Großer, stärkender, leicht salziger Duft, hinter dem sich die Süße von Schwarzen Johannisbeeren verbirgt. Läßt sich reichhaltig und ölig an, danach zerstäuben die komplexen Geschmacksnuancen am Gaumen, wobei Johannisbeeren dominieren.

DALWHINNIE (CENTRAL)

15 Jahre (43 Vol.-%)

Leichter, etwas malziger Duft. Am Gaumen harmonische Ausgewogenheit von Honig und Pfeffer.

EDRADOUR (CENTRAL) *(40 Vol.-%)*

Gehaltvolles Aroma, das an den Geruch von Silofutter und Ölzeug sowie an den Duft von Kräutern und Wildblumen erinnert. Vollreif und köstlich am Gaumen mit seidenweicher Fruchtigkeit im Abgang.

GLEN GARIOCH (EAST) *15 Jahre (43 Vol.-%)*

Intensives, parfümiertes Zitronen- und Ingweraroma mit einem Beiklang von Bodenpolitur und Torf. Die Rauchigkeit ist am Gaumen ausgeprägter, erscheint aber unausgewogen.

GLENGOYNE (SOUTH) *10 Jahre (40 Vol.-%)*

Leicht und attraktiv und von zufriedenstellender Herbheit. Am Gaumen entfalten sich feine Süße und Apfelaromen, die von einer zarten Sahnenote abgerundet werden.

GLENMORANGIE (NORTH) *10 Jahre*

Delikater Duft mit Birnenaroma. Frische und grasige Note. Weich, sanft und zugänglich. Im Geschmack körperreich, zitrustönig und würzig.

GLEN ORD (NORTH) *12 Jahre (40 Vol.-%)*

Aufregend frischer, malziger Duft, dessen Süße von Limonenaroma durchbrochen wird. Am Gaumen sehr abwechslungsreich mit einer Andeutung von Rauch, Zitrusfrüchten und einem nussigen Ausklang.

OBAN (WEST) *14 Jahre (43 Vol.-%)*

Prickelnd reiner Duft, der an getrocknete Kräuter und Meeresbrise denken läßt. Am Gaumen entfalten sich Würze und leichte Rauchigkeit in harmonischem Einklang mit erfrischender Salzigkeit.

PULTENEY (NORTH) *12 Jahre (40 Vol.-%)*

Ozonfrisches Aroma, das auch reizvoll nach Keksen duftet. Anfangs süß mit etwas gezuckerter Mandel, dann Mentholgeschmack und Zigarrenschachtel. Von komplexer Schönheit.

ROYAL LOCHNAGAR *23 Jahre (59,7 Vol.-%)*

Sherrysüße in der Nase. Reichlich muskulös, robuste Angelegenheit mit wunderbarer Gewürznote. Abgerundet, reichhaltig und mild.

BLENDED SCOTCH

Blended Whiskys werden in letzter Zeit eher als Mitläufer des Scotch angesehen. Tatsache ist, dass 95 Prozent des weltweit verkauften Scotch verschnitten sind. Aber um die Blends ist es nicht gut bestellt. Ihr Anteil am internationalen Whiskymarkt ist im Schwinden, kein ernstzunehmender Kritiker schreibt über sie, denn in der heutigen Welt der Single Malts stellen sie einen Anachronismus dar.

Rechts: Tommy Dewar – der weltweit größte Whiskybaron

Die Blends sind nicht abzuschreiben

Bevor sie ganz verschwinden, sollte man sich ansehen, wie die Blends dem Scotch zu Weltruhm verhalfen, und wie der Verschnitt Tropfen für Tropfen ebensoviel Kreativität erfordert wie die Herstellung von Malt.

Schottland war zu Beginn des 19. Jahrhunderts ein Land im Aufbruch. Die Highlands wurden enteignet, um große Flächen von Weideland für Schafe zu schaffen, was einen Massenexodus vom Land in die Stadt – und nach Amerika, Kanada und Australien – zur Folge hatte.

Das Aufkommen der Schwerindustrie katapultierte Schottland an die vorderste Front der industriellen Revolution. Glasgow war der Motor der Hochöfen, die die wachsende Macht des Britischen Reiches anfeuerten.

In den Lowlands wurde seit langem Whisky produziert, aber eher minderwertige Qualität. Während sich die Bewohner der Highlands darauf konzentrierten, kleine Mengen Malt für Verkauf und Eigenbedarf herzustellen, mußten die Brenner der Lowlands immer einen größeren Markt bedienen. Man baute größere Brennblasen und verwendete jede Getreideart.

Seit langem bestanden Handelsbeziehungen mit England, wohin der Lowland Whisky gesandt wurde, um rektifiziert (erneut destilliert) und in Gin verwandelt zu werden. Hier handelt es sich bereits um eine industrielle Produktion. Durch den Zustrom der Bevölkerung mußte die Produktion erneut erhöht werden, aber der Whisky, der aus den Brennblasen floß, war von minderer Qualität, es mußte aber etwas unternommen werden.

LINKS: Burns war einem guten Tropfen niemals abgeneigt.

Die Coffey-Brennblase

Im Jahre 1826 tauchte Robert Stein, ein Cousin von John Haig, der wiederum zu der Familie gehörte, die die Brennereien der Lowlands dirigierte, mit einer neuen Brennblase auf, die Haig alsbald in seiner Destillerie in Cameronbridge installierte.

Die dem zugrunde liegende Theorie war, daß solange man Wash an einem Ende hineingab, man hochprozentigen Alkohol am anderen herausbekam, wodurch eine zweite Destillation überflüssig wurde. Das System funktionierte, bedurfte aber einiger Änderungen, die 1830 Aeneas Coffey vornahm. Coffeys Patentbrennblase war ein Geschenk Gottes für die Brenner der Lowlands. Der damit produzierte Whisky war hochprozentig und leicht, was den englischen Schnapsbrennern angenehm war. Dann führte das Schicksal Regie. Der Wash Act von 1823 hatte eine Flut neuer Malt-Destillerien begründet, die ihre Produktion ausdehnten. Doch der Malt war den meisten Bewohnern der Lowlands und in England zu würzig.

Die Geburtsstunde des Blends

Dann hatte ein heller Kopf die Idee, daß man den würzigen Malt mit dem Grain kombinieren könnte, um eine kommerziell akzeptable Mischung zu erhalten. Die offizielle Geburtsstunde ist das Erscheinen des Old Vatted Glenlivet von Usher im Jahr 1853.

Die Mehrheit der frühen Blendmeister waren erstklassige Gemischtwaren- und Weinhändler in den anwachsenden Ballungszentren. John Dewar, Arthur Bell und Matthew Gloag lebten in Perth, James Chivas in Aberdeen, William Teacher in Glasgow, George Ballantine in Edinburgh und John Walker in Kilmarnock. Alle hatten Erfahrung bei dem Mischen von Tees. Die Prinzipien des Whiskyverschnitts sind ähnlich.

Die Konkurrenz erforderte auch Verkaufsgeschick. Die Söhne und Enkelsöhne der Whiskyblendmeister wollten nicht nur ihre vorhandene Klientel beliefern, sondern Whisky in die ganze Welt verkaufen. Ihr Werdegang bestand oft darin,

OBEN: Ein leichter Stil – dank der verwendeten Fässer

sich mit oft recht ungewöhnlichen, manchmal etwas anrüchigen Mitteln, Zugang in die Bars, Hotels und Restaurants der Welt zu verschaffen. Gegen Ende des Jahrhunderts verschifften sie Millionen von Flaschen in die ganze Welt.

Der Zufall, in Gestalt einer katastrophalen Reblausplage, welche die meisten Weinberge Europas zerstörte, sowie die Weigerung der Iren, die patentierte Brennblase zu benutzen und das Verteilernetz des Britischen Reiches, rückte den Blend ins Blickfeld der Briten.

Die Blendmeister begannen in Speyside, der Pertshire-Schlucht und auf Islay Destillerien zu bauen, um die wachsende Nachfrage zu befriedigen. Von nun an bestand und besteht die Aufgabe der meisten Malt-Destillerien darin, „Abfüllungen" für Blends zu liefern. Auch die Kunst des Verschneidens hat sich nicht geändert, sondern die Bestandteile des Blends. Viele der Malt-Destillerien, die die Abfüllungen für die frühen Blends lieferten, existieren nicht mehr. Die Brennmeister mußten sich nach Alternativen umsehen. Aber wie ist das möglich, wo doch, wie es heißt, jeder Malt seinen eigenen Geschmack hat?

Was ist ein Blend?

Einfach gesagt ist ein Blend eine Mischung aus Grain- und Malt Whiskys, die zu einer konsistenten, unverkennbaren Sorte kombiniert wurden. Aber in der Welt des Whiskys sind die Dinge nie so einfach wie sie aussehen. Man nehme nur den Malt. Das Destillat jedes Tages ist etwas anders, jedes Faß ist individuell.

Mit Grain Whiskys verhält es sich, entgegen der weitverbreiteten Meinung, ähnlich. Jede Destillerie hat ihre Handschrift – von sauber und leicht, bis zu rund, buttrig und fett. Manche eignen sich besser für lange Reifung als andere, und auch das Aroma variiert von Tag zu Tag. Die Destillerien stellen regelmäßig die Lieferung ein, wodurch einige Whiskys nur in begrenztem Umfang vorhanden sind, der Blendmeister arbeitet daher nicht mit einem immer gleichbleibenden Fundus an Geschmacksnuancen, sondern mit ständig wechselnden Aromen und Möglichkeiten. Im Herzen jedes Blends befinden sich einige Kern-Malts, die meist aus Speyside stammen. Sie verleihen dem Endprodukt den signifikanten Geschmack – im Herzen von Johnnie Walker etwa sind der Cardhu und der Talisker, während der Chivas auf Strathisla aufbaut. Diese Kern-Malts sollten den Blend nie übertönen, obwohl man im Johnnie Walker ein Element von Rauchigkeit entdeckt, sollte man nicht sagen können, daß er nach Talisker riecht und schmeckt.

Dieser gleichbleibende Kern wird dann von unterstützenden Malts getragen, die alle einen Hauch von Aroma oder Geschmack hinzufügen und schließlich mit einer größeren Menge von „Packern" ergänzt werden. Sie sollen dem Blend Körper und Textur, nicht Geschmack verleihen.

RECHTS: Gehaltvoller – dank der spanischen Fässer

Dies ist der austauschbare Part der Blendkunst. Die „Packer" können von vielen Destillerien kommen, und der Blendmeister kann die „Packer"-Destillerien wechseln, ohne den Gesamtcharakter oder Geschmack seines Blends zu beeinträchtigen.

Zusammenfassend läßt sich sagen, daß einige Malts für den Verschnitt von Blends begehrter sind als andere. Malts, wie Aultmore, Mortlach und Cragganmore gehören zur Topliga, weshalb die ersten beiden auch selten als Single-Malt-Abfüllung zu bekommen sind. Gemeinsam ist ihnen eine Komplexität des Geschmacks und eine gehaltvolle Textur, die gut mit anderen Malts und Grains verschmilzt. Es gibt weitere feine Single Malts – etwa Glen Grant – die in einem Blend unangenehm hervortreten. Der Blendmeister sucht einen Kern von Malts, die einander ergänzen und verschiedene Aspekte der Persönlichkeit der anderen hervorbringen.

Manche Blender verwenden Malts aus allen Regionen, anderen schwören auf eine – Bell's ist ein landesweiter Blend, Chivas und J&B sind ausschließlich aus Speyside, Black Bottle ist vorwiegend aus Islay.

OBEN: *Der Benchmark Stil*

Die Würze der Fässer

Die letzte Komponente in der Herausbildung von Geschmack und Charakter ist die Art der Fässer, in denen der Malt reift. Ein leichter Blend wie Cutty Sark verwendet hauptsächlich Nachfüllungen von Bourbon-Fässern, während die Malts wie Famous Grouse in ehemaligen Sherryfässern altern. Auch das Alter spielt eine Rolle. Die diversen Malts (und Grains) werden zu unterschiedlichen Zeitpunkten verwendet. Der Grain Whisky durchläuft denselben Prozeß wie ein Malt – ein zentraler Grain im Herzen, unterstützt von anderen Grains. Schließlich werden alle Komponenten vereint und letzte Änderungen vorgenommen. Auch wenn heute die Malts glänzen, sollte man die großen Blends nicht ignorieren. Nehmen Sie sich die Zeit, um sich die höchst eindrucksvolle Chivas-Auswahl anzusehen, und machen Sie sich mit Ballantine's, J&B, Johnnie Walker und Grouse vertraut. Die besten können es, was Komplexität und Raffinement anbelangt, mit vielen Malts aufnehmen.

LINKS: *Einer der Besten*

BLENDED SCOTCH

DIE KLASSIKER

Heute, wo der Malt Whisky im Zentrum des Interesses steht, übersieht man leicht die besondere Qualität der Blends. Diese Whiskys machten schließlich den Scotch zu einer der beliebtesten Spirituosen der Welt, und die besten verdienen ebensoviel Interesse und Respekt wie Single Malts. Beschreibungen wie „zugänglich", „leicht trinkbar" und „vielseitig" haben oft einen negativen Beiklang. Geben Sie den Blends eine Chance – Sie werden überrascht sein.

BALLANTINE'S GOLD SEAL

12 Jahre (43 Vol.-%)

Sanfter, süßer, viskoser Duft mit einem Anklang von Heidekraut. Liebliches, reines, korniges Zentrum. Ein üppiger, vornehmer Tropfen.

BALLANTINE'S *18 Jahre (43 Vol.-%)*

Trotz seines Alters hat er sich einen reinen, grasigen Duft mit gut ausgewogener Holznote bewahrt. Am Gaumen rund mit viskosem, samtigem Gewicht und einer Andeutung von Fruchtigkeit. Sanfter, glatter Ausklang. Elegant.

BELL'S *8 Jahre (40 Vol.-%)*

Sauberer Duft, bei dem sich leicht das Toastaroma der Fässer bemerkbar macht. Das leicht grasige Aroma leitet über zu guter Malzigkeit mit einer Andeutung von Torf. Am Gaumen ziemlich süß und abgerundet und von harmonischer Ausgewogenheit.

BLACK BOTTLE *10 Jahre (40 Vol.-%)*

Volle Farbe. Scharfe Torfigkeit vermischt mit einer frischen Torfnote und einem Kokosnußbelag. Am Gaumen rein und süß mit einem erfrischend pfeffrigem Anstrich und von harmonischer Ausgewogenheit. Langanhaltender, gehaltvoller und rauchiger Ausklang. Ein Whisky für Islay-Liebhaber.

CHIVAS REGAL *12 Jahre (40 Vol.-%)*

Leichtes, mit süßer Heunote und verführerischer Rauchigkeit vermischtes Aroma. Sauberes amerikanisches Holzaroma am Gaumen, ein Hauch von gezuckerten Mandeln, vermischt mit einer weichen, lebhaften Grasnote. Sanft und anmutig.

CHIVAS REGAL *18 Jahre (40 Vol.-%)*

Körperreich abgerundet mit Aromen von Kräutern, Minze und Pflaume mit einem leichten Jodgeruch. Gehaltvoll am Gaumen mit leicht schokoladigem Geschmack. Im Abgang ein Anklang von Heidekraut und Lindenblüten.

THE FAMOUS GROUSE *(40 Vol.-%)*

Geschmeidiger und zart rauchiger Duft mit Anklängen von süßem Sherryholz und milder Torfigkeit. Am Gaumen dieselben Charakterzüge neben dem Aroma reifer Früchte. Erfrischender Ausklang. Harmonische Ausgewogenheit. Der feinste Standardblend am Markt.

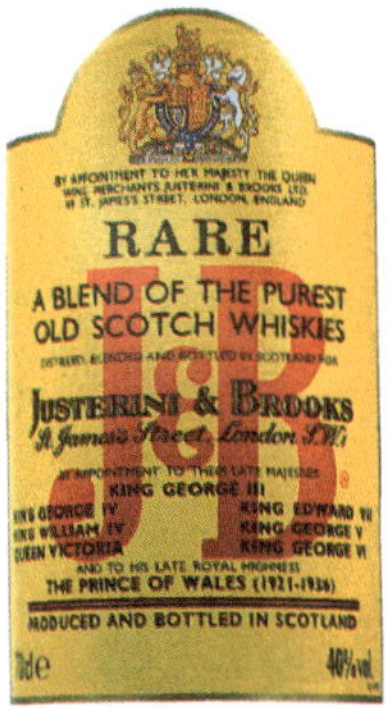

J&B *(40 Vol.-%)*

Sehr blasse Farbe. Das herbe Aroma erinnert an Stroh mit leichter Nussigkeit. Bei Zugabe von Wasser macht sich eine sahnige Note bemerkbar. Ein weicher, leichter Tropfen, bei dem süße Fruchtigkeit und ein herber, trockener Ausklang harmonieren.

JOHNNIE WALKER RED LABEL *(40 Vol.-%)*

Äußerst populär. Im Aroma macht sich neben einer sauberen Fruchtigkeit von mittlerem Körper entfernt auch ein Insel-Einfluß bemerkbar. Sauber und süffig.

JOHNNIE WALKER BLACK LABEL *(40 Vol.-%)*

Der Duft entfaltet typische Anklänge von Torf und Rauchigkeit sowie einen reichhaltigen Fruchtcharakter mit Sherrynote. Seine Größe von malzigem Gehalt verleiht am Gaumen zusätzlichen Körper. Ein komplexer Abgang rundet diesen Blend ab.

4

IRISCHER WHISKEY

IN DEM LAND, DAS SICH GERNE ALS DIE WIEGE DES WHISKYS SIEHT, GIBT ES HEUTE NUR NOCH DREI DESTILLERIEN, UND DAS, OBWOHL IRLAND ZUR JAHRHUNDERTWENDE MIT SEINEM WHISKEY DEN SCOTCH ÜBERTRUMPFEN WOLLTE. WIE KONNTE ES ALSO ZU DIESEM NIEDERGANG KOMMEN?

Der Whiskey (*sic*) ist mit Irlands Geschichte untrennbar verbunden. Anfangs von den Mönchen als Medizin gebrannt wurde *uisce beatha* im 12. Jahrhundert zum Stimulans für den Mut der Kampftruppen.

Die Ökonomie Irlands ist seit jeher von der Landwirtschaft bestimmt, und die arme Landbevölkerung besserte ihr Einkommen durch die Herstellung und den Verkauf von Whiskey auf.

Es gab immer schon eine Spaltung zwischen „Stadt"- und „Land"-Whiskey (auch bekannt als *poitin*). Bis zu Beginn des 19. Jahrhunderts wurde ein Großteil des „Stadt-Whiskeys" – kommerzielle Marken – mit Kräutern und Wurzeln aromatisiert. Er stand in so hohem Ansehen wie Cognac, und im 18. Jahrhundert hatte Irland 2 000 Destillerien aufzuweisen.

Der gewürzte Whiskey wurde in den Salons von Dublin, London und Paris genippt, während die arme Bevölkerung Irlands den *poitin* schlürfte, der aus ihren kleinen, torfbefeuerten Brennblasen floß, bis sie durch dieselbe Gesetzgebung ruiniert wurden, die die Schmugglerkriege in den schottischen Highlands schürten. In Irland gingen die Farmbrennereien in den Untergrund. Selbst heute findet man, wenn man an den richtigen Orten fragt, ohne Mühe einen *poitin*. Ob man gute Qualität bekommt, ist eine Frage des Glücks und der Verbindungen.

GEGENÜBER: Reines, klares Wasser – die Grundlage irischen Whiskeys

UNTEN: Die erste Abfüllung von Power's

RECHTS: Die Pot Stills von Midleton

UNTEN: Bushmills – der Stolz des Nordens

Zurück ins vorige Jahrhundert: Der Haupteffekt der Gesetzgebung war, daß die Whiskeybrennerei in den Händen einiger weniger Brenner, wie John Jameson und John Power, lag, deren Pot Still Whiskeys berühmter waren als der Scotch. Als der Ire Aeneas Coffey mit seiner Patentbrennblase auftauchte, wurde der damit produzierte Whiskey als Imitation angesehen, und man verweigerte den Einsatz der neuen Technik.

Die Brenner in den schottischen Lowlands (darunter Jamesons Schwager John Haig) hatten keine derartigen Vorbehalte, und alsbald überfluteten ihre neuen Blends die internationalen Märkte. Irland hatte die Chance nicht genutzt. Dann begann in Amerika, dem einzigen Großmarkt für irischen Whiskey, die Prohibition. Zur selben Zeit gewann

OBEN: *Die felsige Verbindung zwischen Irland und Schottland*

Irland seinen Unabhängigkeitskampf, wurde aber schwer von dem Handelsembargo getroffen, das den Verkauf irischer Güter innerhalb des britischen Königreiches verbot. In einer Zeitspanne von nur 20 Jahren lag die gesamte irische Whiskeyproduktion darnieder. Bizarrerweise beschloß die irische Regierung, der Industrie einen weiteren Schlag zu versetzen, und stellte die Brennerei während des Zweiten Weltkriegs ein. 1952 beliefen sich die Exporte irischen Whiskeys auf 500 000 Pfund, der Scotch brachte es auf 32,5 Millionen.

Mitte der 60er Jahre beschlossen die vier letzten Destillerien Irlands, sich zusammenzuschließen, um ihre völlig veralteten Produktionsanlagen modernisieren zu können. So entstand 1966 Irish Destillers, der sich 1972 Old Bushmill, die älteste Destillerie Europas anschloß.

Kürzlich betrat der Newcomer Cooley die Arena und erwies sich als zündender Funke, den die Industrie benötigte. Der Konkurrenzkampf beflügelt die beiden Firmen, die wetteifern, die große Palette irischer Qualität zu zeigen. Irish Distillers beharrt auf der dreifachen Destillation und ungetorftem Malz; Cooley verwendet für manche Marken Torf und hat keine Vorbehalte gegen doppelte Destillation. Die wieder größere Auswahl hat die Kunden zurück zur sanften irischen Qualität geführt.

Die weißen Wände der Gebäude in Bushmills wären auch in Schottland nicht fehl am Platz. Tatsächlich kann man in der Nähe von Giant's Causeway die blaue Silhouette von Islay und Kintyre erkennen. Der Whiskey selbst ist eine spirituelle Verbindung, die die Basaltsäulen in Causeway und Fingal's Cave widerspiegelt.

Midleton in der Grafschaft Cork ist das genaue Gegenteil der klassischen Linie von Bushmills. Der Öffentlichkeit ist es übrigens nicht gestattet, diese wunderbare, ultramoderne Destillerie zu besichtigen, da man keine Illusionen zerstören will. Besucher werden statt dessen in dem malerischen alten Werk von Cork Distillers herumgeführt, das heute merkwürdigerweise Jameson-Heritage-Centre heißt. Midleton produziert aber wie Cooley in Dundalk einige der großartigsten Whiskeys.

Bushmills ist mit der bizarren Landschaft der Küste von Antrim verwachsen: zerklüftet und doch sanft, zart und doch kraftvoll. Was ist mit den übrigen irischen Marken?

Hat die Technologie die Aussage ersetzt, daß Whiskeys ein Spiegelbild ihres Entstehungsortes sind? Mag sein. Aber jede Marke hat nach wie vor ihr eigenes Rezept mit gemälzter und ungemälzter irischer Gerste, ihre eigene Verwendung von Pot Stills und säulenförmigen Brennblasen, ihre eigene Auswahl an Fässern.

Powers Whiskey ist nach wie vor von erlesenster Qualität mit einem besonderen Pfirsicharoma, das man sich kaum vorstellen kann. Crested Ten und Redbreast sind gehaltvoll und gewichtig wie eh und je, und Jameson 1780 trifft immer noch ins Schwarze. Die Magie der irischen Whiskeys ging nicht verloren.

OBEN: *Eine Flasche Gold am Ende des irischen Regenbogens*

IRISCHER WHISKEY

DIE KLASSIKER

IRISCHER WHISKEY ERLEBT DERZEIT EINE RENAISSANCE. DAS LAND BESITZT ZWAR NUR DREI DESTILLERIEN, ABER WAS IRLAND AN BRENNBLASEN FEHLT, MACHT ES DURCH QUALITATIV HOCHWERTIGE MARKEN WETT, DIE AN SÜFFIGKEIT KAUM ZU ÜBERTREFFEN SIND. SIE KOMBINIEREN FRISCHEN SCHWUNG MIT REIFER, SÜSSER, TROPISCHER FRUCHTIGKEIT. SIE VERTRAGEN SICH GUT MIT SHERRYFÄSSERN, UND DIE MEISTEN SINGLE MALTS UMSCHMEICHELN DEN GAUMEN MIT EINER SAHNIGEN KLEENOTE. SIE WERDEN NICHT WIDERSTEHEN KÖNNEN!

BLACK BUSH (IRISH DISTILLERS) (*40 Vol.-%*)

Voller, süßer Duft, verbrämt mit nussigem, buttrigem Toffee und einer leichten Sherryfaßnote. Elegant.

BUSHMILLS (IRISH DISTILLERS) (*40 Vol.-%*)

Sehr sanfter und fruchtiger Duft, vermischt mit einer Pfeffer- und Orangennote. Am Gaumen delikat.

BUSHMILLS (IRISH DISTILLERS)

10 Jahre (40 Vol.-%)

In der Nase eine großartige Mischung aus Vanilleeiscreme, Klee und Lakritze. Am Gaumen malzige Würze, gefolgt von einem weichen, trockenen Ausklang.

CONNEMARA MALT (COOLEY) (*40 Vol.-%*)

Ähnliche Torfigkeit wie beim Lagavulin, im Gesamteindruck jedoch aggressiver, mit prägnantem Zitrusgeschmack am Gaumen.

CRESTED TEN (IRISH DISTILLERS) (*40 Vol.-%*)

Eine gewichtige Mischung aus frischem Malz, erdigen und fruchtigen Aromen in der Nase. Breit und beinahe teerig am Gaumen, der Geschmack legt sich über den ganzen Mund.

JAMESON (IRISH DISTILLERS) (*40 Vol.-%*)

Weicher, voller und leicht malziger Duft. Frisch, grün umsäumt, kombiniert mit leichter Süße. Nur von mittlerer Intensität, doch eine sahnige, sanfte Erfahrung.

JAMESON (IRISH DISTILLERS) *1780 (40 Vol.-%)*

Eine ungestüme Mischung aus reifer Frucht und Heckenrosenaroma strömt aus dem Glas. Cremig, langanhaltend und weich, sahnig, herbe Nussigkeit auf dem Gaumen, langanhaltender Ausklang.

KILBEGGAN (COOLEY) (*40 Vol.-%*)

Eine Mischung aus Kampfer und Gras in der Nase, ein Whiskey von mittlerem Gewicht, der süß startet und mit einer scharfen Chilinote ausklingt.

LOCKE'S (COOLEY) (*40 Vol.-%*)

Weich, sauber und ziemlich malzig mit nussiger Sherryfaßnote. Diese süße Komponente überwiegt am Gaumen und leitet in einen pfeffrigen Ausklang über.

POWER'S (IRISH DISTILLERS) (*40 Vol.-%*)

Überreife, fleischige Aprikosen und pfirsichartige Fruchtigkeit steigen in die Nase. Am Gaumen sanft gewichtet, aber mit erfrischend kantigem Rückgrat.

5

AMERIKANISCHER WHISKEY

KENTUCKY, DER STAAT, DER IN „BLUE MOON“ BESUNGEN WIRD, WIRKT WIE EINE MINIATURAUSGABE VON AMERIKA: ELEGANTE WEISSE HERRSCHAFTSHÄUSER, VOLLBLUTPFERDE UND GARTENPARTYS, SCHWERINDUSTRIE UND ARBEITERKNEIPEN, STADT UND LAND FLIESSEN INEINANDER ÜBER. KENTUCKY LIEGT IM SÜDEN UND IST DOCH NICHT DER TIEFE SÜDEN, ES ZÄHLT NICHT ZUM MITTLEREN WESTEN, GEHÖRT ABER AUCH NICHT ZUM PURITANISCHEN OSTEN. KENTUCKY IST EBEN KENTUCKY, ES FOLGT SEINEM EIGENEN RHYTHMUS UND IST BESONDERS STOLZ AUF SEINE TRADITIONEN, IN DEREN ZENTRUM DIE HERSTELLUNG DES BOURBON STEHT.

LINKS: Destillerien kamen und gingen, der Bourbon aber hat Bestand.

Diese Traditionen leben bis heute, zum Beispiel im Kentucky Derby, wo sich die strengen Klassenunterschiede in der gemeinsamen Liebe zu Pferden und dem Mint Julep, dem starken Sommercocktail, aufheben.

Die sanften Hügel und die bewaldeten Täler von Kentucky sind idealer Hintergrund für die Herstellung von Whiskey. Fruchtbares Land für den Getreideanbau steht zur Verfügung, kalksteinreiches Wasser und Eichenbestände für die Fässer sind vorhanden. Es konnte nicht ausbleiben, daß Whiskey produziert wurde, sobald die Einwanderer das Land um 1770 besiedelten. Hinzu kommt, daß South Carolina, Kentucky und Tennessee ursprünglich von schottischen und irischen Emigranten in Besitz genommen wurde, und diese Menschen hatten bereits Erfahrung, wie man Getreideüberschüsse in hochprozentige Spirituosen verwandelt, denn viele von ihnen hatten auch bereits Rye Whiskey (Roggenwhiskey) in Pennsylvania hergestellt.

Die Siedler erhielten in Kentucky freies Land mit der Auflage, es zu erschließen und Mais anzupflanzen. Dabei betrieben sie bei der Rodung der Wälder einen solchen Raubbau, daß die Whiskeyindustrie von Kentucky innerhalb weniger Jahre Holz zur Herstellung der Fässer importieren mußte.

GEGENÜBER: Die Essenz von Kentucky zeigt sich beim Derby.

KENTUCKY

Der Aufbau einer kommerziellen Whiskeyproduktion wurde durch eine weitere Einwandererwelle von Brennern angekurbelt, die nach Kentucky und Tennessee geflohen waren, um der Whiskeysteuer in Washington, die die leeren Kassen nach dem Unabhängigkeitskrieg füllen sollte, zu entgehen.

Kentucky „schwamm" zu dieser Zeit in Whiskey. Das Brennen diente dem Eigenverbrauch und als finanzieller Nebenerwerb. Daneben entstanden alsbald größere kommerzielle Unternehmungen – Evan Williams kam 1783, Jacob Beam 1795. Was Reverend Elijah Craig anbelangt, dem die Erfindung des Bourbon zugeschrieben wird, so war er zwar ein führender Whiskeyproduzent, aber er war nicht die zentrale Figur, zu der ihn die Legende machte. Es gab keinen einzelnen Gründungsvater, sondern gleichsam eine Massenexplosion an Whiskeyproduzenten.

Diese großen Destillerien befanden sich in der Nähe des Missouri. Es war klar daß, ungeachtet des Durstes der Menschen – und sie waren weitaus trinkfester als wir heute sind –, mehr Whiskey produziert wurde, als getrunken werden konnte. Das Problem war, daß es praktisch unmöglich war, große Ladungen über die Appalachen zu den blühenden östlichen Märkten zu bringen. Die einzige „Straße" war der Fluß. So kam es, daß Whiskeyfässer, gefüllt mit dem legendären Bourbon County, auf Schleppkähnen Richtung New Orleans tuckerten. Von hier wurde die Fracht die Ostküste hinaufverschifft, wo der Whiskey allmählich den Rum, Amerikas Lieblingsgetränk, verdrängte.

Rechts: Whiskeyliebhaber schätzen Turkey.

Das Whiskeybrennen verbreitete sich durch den Bau der Eisenbahn über die Grenze Richtung Westen. Kentucky blieb das Zentrum der kommerziellen Produktion und die geistige Heimat des Whiskeys, aber Whiskey wurde überall hergestellt, wo Getreide angebaut wurde, in Virginia, Pennsylvania, Maryland, Indiana, North/South Carolina, Tennessee, Missouri. Manche dieser Staaten produzierten guten Whiskey, andere begnügten sich damit, mindere Qualitäten zu erzeugen.

Mitte des 19. Jahrhunderts hatte sich die Qualitätskontrolle der Produktion verbessert. Vor allem dank der Bemühungen von Jim Crow, dessen Forschungsarbeiten an der Oscar Pepper Destillerie über saure Maische, das Ansengen der Fässer und die Destillation die Qualität des Whiskeys aus Kentucky verbesserten. Die Kombination aus Qualitätsverbesserung und extrem hohen Steuern, die Lincoln nach dem Sezessionskrieg einführte, brachte eine Spaltung zwischen den kleinen Farmbrennereien, die als Schwarzbrenner gebrandmarkt wurden, und den schnell wachsenden Konzernen, die nun den Whiskey für ganz Amerika liefern mußten.

Amerikas Bevölkerung wuchs, die Destillerien ebenso. Zur Produktionsstei-

OBEN: *Die bedrohliche Schönheit von Wild Turkey*

gerung wurden ständig arbeitende Brennblasen entwickelt, man exportierte nach Europa. Amerikas steiler Aufstieg zum weltgrößten Whiskeyproduzenten schien unaufhaltsam – hätte es die Abstinenzbewegung nicht gegeben. Die Industrie ignorierte und verspottete sie und betrieb weiterhin intensiv Werbung für Alkoholkonsum, wodurch sich immer mehr Menschen (vorwiegend Frauen) der Abstinenzbewegung anschlossen.

Die amerikanischen Sitten schwanken seit jeher in schwindelerregendem Tempo zwischen puritanischem Eifer und hedonistischem Exzeß. Zur Jahrhundertwende schwang das Pendel definitiv zugunsten der Prohibition aus. Obwohl das Prohibitionsgesetz, das Verkauf und Konsum von Alkohol verbot, erst 1919 in Kraft trat – kurz nach der Einführung des Wahlrechts für Frauen –, waren viele Staaten, darunter Kentucky und Tennessee, bereits abstinent.

Die Prohibition knebelte die Industrie und überließ dem Scotch die Herrschaft über den Weltmarkt. Selbst nach Aufhebung des Gesetzes im Jahre 1933 hatte man nur ein paar Jahre, um sich wieder zu erholen, bevor die Regierung den Hahn erneut zudrehte und die Destillerien diesmal in Alkoholproduzenten für Kriegszwecke umwandelte. Als die Whiskeyproduktion um 1950 wieder aufgenommen wurde, hatte der Scotch die

Whiskeywelt fest im Griff, und Amerika wandte sich dem Wodka zu. Nur wenige Brennereien konnten überleben.

Heute hat Kentucky zehn Destillerien aufzuweisen. Vor der Prohibition gab es 2 000. Ein Teil amerikanischer Geschichte ging mit den heimischen Roggen- und Maiswhiskeys verloren. Zwar stellen Wild Turkey und Jim Beam nach wie vor (exzellenten) Rye Whiskey her, die Produktion von Maiswhiskey aber wurde eingestellt. Die Archive sind voll mit vergilbten Photos längst vergessener Destillerien, Fragmenten der Geschichte einst berühmter Marken wie Green River „The Whiskey Without A Headache" (Der Whiskey ohne Kopfweh). Man kann den Aufstieg und Niedergang vom kleinen Label zur bekannten Marke verfolgen, die lächerlichen Marketinggags, die dabei verwendet wurden, die Schließung der Owensboro Destillerie und – nach einem kurzen Revival in den 50er Jahren – das regelmäßige Überwechseln der Markenrechte von einem Brenner zum anderen.

RECHTS: Ein gefälliger Stil

Zum Glück wird nach mageren Jahren, die die meisten Brennereien nur mit Mühe überstanden haben, der Bourbon heute wieder ernst genommen. Qualität statt Masse lautet die Devise. Faßauswahl und -stärke sind von großer Bedeutung für erlesene Whiskeys.

Auch wenn die Industrie geschrumpft ist, drängt sich einem, wenn man durch die Wälder Kentuckys fährt, unweigerlich das Gefühl auf, daß dies ein gutes Whiskeyland ist. Die Destillerien reichen von der sehr nüchternen Funktionalität von Barton and Beam bis zu der eigenartigen Schönheit der Backsteinbauten von Bernheim, Early Times und Ancient Age, dem spanisch inspirierten Four Roses, dem bizarren, schwarz gestrichenen Wild Turkey, das über der Schlucht des Kentucky River schwebt, bis zu der Postkartenschönheit von Labrot & Gaham und Maker's Mark. Leider wurde die Heaven Hill Destillerie zerstört

Die Destillerien Kentuckys produzieren hervorragende Whiskeys, die es verdienen, genossen zu werden. Die besten Kentucky Whiskeys sind komplex, aber sie haben auch einen kräftigen, süßen Schwung, der nicht nur pur seine Qualitäten zeigt, sondern auch als Basis der besten Cocktails der Welt bildet – Manhattan, Bronx, Old-Fashioned und Mint Julep. Die Welt wäre ärmer ohne sie.

UNTEN: Tradition wird bei Marker's Mark großgeschrieben.

LINKS: Das gibt es nur in Amerika – Wolkenkratzer voll mit Whiskey.

KENTUCKY BOURBON

DIE KLASSIKER

NACHDEM ER JAHRELANG IM SCHATTEN DES SCOTCH STAND, HAT SICH DER BOURBON IN NEUEM GEWAND ABERMALS ALS EINER DER GRÖSSTEN WHISKYS DER WELT PRÄSENTIERT. JEDE MARKE BESITZT IHRE EIGENE GETREIDEREZEPTUR, HÄUFIG WIRD AUCH EIN HEFEZUSATZ VERWENDET – DAS ENDERGEBNIS IST JEDENFALLS IMMER EIN WHISKEY, DER GEHALTVOLLE, RAUCHIGE VANILLENOTEN MIT SÜSSEM, FRUCHTIGEM SCHWUNG VEREINT. ER SCHMECKT PUR EBENSOGUT WIE ALS BASIS FÜR EINIGE DER WELTBESTEN COCKTAILS, DIE SIE UNBEDINGT VERSUCHEN SOLLTEN.

ANCIENT AGE *10 Jahre (43 Vol.-%)*

Reicher, eleganter und schwerer Duft mit Zimt- und Melasseakzenten neben Getreidenoten. Weicher, glatter und sanfter Beginn, gefolgt von einem erfrischend langem Abgang.

ELIJAH CRAIG *12 Jahre (47 Vol.-%)*

Reichhaltig, mit würziger Holznote, bei der ein Muskatnußton anklingt. Am Gaumen viskoses Toffeearoma. Langanhaltend im Abgang

EVAN WILLIAMS (HEAVEN HILL) *(45 Vol.-%)*

Anmutiges Aroma mit leichtem Holzakzent – Gewürze, Zimt, Karamel und etwas Rauchigkeit. Ein abgerundeter Bourbon mit etwas Schärfe.

FOUR ROSES YELLOW LABEL *(40 Vol.-%)*

Sanft, holzig, sogar Zitrustöne. Sauber, leicht und duftend. Eine feine Marke zum Mischen.

JIM BEAM RYE (*40 Vol.-%*)

Zitroniger Schwung und Kreuzkümmelsamen in der Nase. Würzig und schwungvoll. Ein Whiskey von grandiosem altem Stil, der die Geschmacksnerven mit Sicherheit erweckt.

KNOB CREEK *9 Jahre* (*50 Vol.-%*)

Reichhaltiger, süßer, fruchtiger Duft – mit Andeutungen von Pflaumen und Nüssen. Am Gaumen elegant, reich und sehr reif.

OLD CHARTER (UDV) (*43 Vol.-%*)

Komplexer blumiger Duft mit Kräuternote, dominiert von Minze- und Zitrusaroma. Sehr sauber und würzig am Gaumen, abgerundet mit Vanillegeschmack.

VERY OLD BARTON (BARTON) (*40 Vol.-%*)

Die Mischung aus Zitronenlikör und jungem Holz vermittelt einen kraftvoll saftigen Eindruck. Leicht und trocken mit scharfer Pfeffernote.

W. L. WELLER (UDV) (*45 Vol.-%*)

Reiches Aroma mit Butter, Melasse, Rosinen und etwas Rum. Reichhaltiger und süßer Start mit würziger, schokoladiger Fruchtigkeit. Samtweich!

WILD TURKEY 101 *8 Jahre* (*43,4 Vol.-%*)

Schöne Bernsteinfarbe. Sauberer, minziger Duft mit großartigem Vanillegewicht. Elegant und gehaltvoll, übervoll mit reifen Früchten.

TENNESSEE

RECHTS: Rock-and-Roll-Whiskey

GERADE WENN MAN DENKT, DAß MAN DEN AMERIKANISCHEN WHISKEY HALBWEGS KENNT, GELANGT MAN NACH TENNESSEE. DORT HERRSCHEN EIGENE GESETZE. DIE PRODUKTIONSWEISE IST DIE GLEICHE WIE FÜR BOURBON – EINE MISCHUNG VON GETREIDEARTEN (MAIS, ROGGEN UND GEMÄLZTE GERSTE) WIRD ERST IN EINER SÄULENFÖRMIGEN BRENNBLASE GEBRANNT UND DANN ERNEUT IN EINEM DOUBLER DESTILLIERT.

UNTEN: Einsam steht Papa Jack im Park.

Viele denken, inspiriert durch das Jack Daniel's Etikett, daß der Sour Mash Whiskey die Sonderstellung von Tennessee ausmacht. Irrtum! Bei allen Bourbon und Tennessee Whiskeys werden sauer schmeckende Rückstände in die Maische eingebracht. Der Unterschied beruht vielmehr auf der Holzkohlefiltration mit Ahornholzkohle. Dieses sogenannte „Lincoln-County-Verfahren“ wird seit 1820 angewandt und verleiht dem Whiskey seine unbestreitbare Geschmeidigkeit und Abgerundetheit.

Was geschieht beim Mellowing (Milderung)? Es werden dabei die stärkeren Fuselstoffe und Esteranteile herausgefiltert. Da Wodkaproduzenten die gleiche Technik anwenden, sind manche der Auffassung, daß junger Tennessee Whiskey nur eine Art amerikanischer Wodka sei. Dem ist nicht so. Er wird anders destilliert, ist weniger stark, und es werden andere Getreidesorten verwendet. Zwar gehen gewisse Charakteristika beim Mellowing verloren, doch wird das Destillat aufpoliert und nimmt etwas Süße von der Ahornholzkohle an.

Heute existieren nur mehr zwei Destillerien in Tennessee, die beide mit demselben Wasser arbeiten, jedoch so unterschiedlich wie nur möglich sind.

Jack Daniel's

Jack Daniel war ein Naturtalent, was die Whiskyherstellung betraf, und erlernte die Kunst der Destillation bei einem Gemischtwarenhändler und Laienpriester namens Dan Call, der seinen Whis-

key minderer Qualität an einem Wasserlauf mit dem bezeichnenden Namen Louse Creek herstellte. Call schwor dem Alkohol ab und verkaufte Louse Creek 1859 an Jack. Dieser wurde mit 13 Jahren Besitzer einer Destillerie.

Für die nötige Produktionssteigerung suchte er eine neue, ergiebigere Wasserquelle: Cave Spring Hollow am Stadtrand von Lynchburg. Wenn eines die Marke Jack Daniel's charakterisiert, dann die clevere Vermarktung. Heute verschmilzt volkstümliche Werbung mit dem Image des eigenbrötlerischen Individualisten.

Die Destillerie wurde verlegt, um der Bahnlinie näher zu sein, und als die Lizenzen eingeführt wurden, versäumte Jack keine Zeit und besaß alsbald Amerikas erste legale Destillerie in Tennessee. Obwohl manche daran zweifeln; das „No. 1"-Zeichen auf dem Etikett besagt, daß die Jack Daniel Destillerie die erste Whiskeybrennerei in Tennessee war.

Die Geschäfte boomten bis 1910, als Tennessee abstinent wurde und die Daniel-Destillerie gezwungen war, ihren Standort nach St. Louis zu verlegen. Jack starb ein Jahr später an den Folgen

OBEN: *Das Feuer ist entzündet – Lynchburg.*

eines Knochenbruchs, den er sich zugezogen hatte, als er die Tür seines Safes gewaltsam öffnen wollte. Die Destillerie hinterließ er seinem Neffen Lem Motlow. Die Zeiten während der Prohibition waren hart, und Lem versuchte sich als Pferdezüchter, um nach der Aufhebung sofort wieder Whiskey herzustellen. Eine andere Destillerie erhob Anspruch auf die Rechte des Markennamens, der Streit kam vor Gericht – und Motlow gewann.

Nun besaß er den Namen, hatte aber keine Destillerie, da Tennessee nach wie vor die Whiskey-Produktion verbot. Er prozessierte und gewann. 1933 wurde die Destillation in Tennessee wieder aufgenommen. Es war jedoch kein Sieg. Der Konsum wird nach wie vor mißbilligt – Millionen von Gallonen reifen in der Destillerie, aber noch immer dürfen in Lynchburg keine scharfen Getränke ausgeschenkt werden.

Der Whiskey selbst zeigt den Einfluß eines hohen Prozentsatzes von Mais in der Maische und enthält wenig Roggen. Ein geschmeidiger Whiskey. Auch die Fässer für das Mellowing sind mit Wolldecken umhüllt, um diese Weichheit zu verstärken.

Jack Daniel's Black Label ist eine der bekanntesten Marken der Welt. Seltener sieht man Green Label, eine weniger geschmacksintensive, leichtere Version, und Gentleman Jack, die Premium-Variante. Diese Faßselektion durchläuft vor der Abfüllung ein zweites Mellowing, wodurch der Whiskey noch geschmeidiger wird.

George Dickel

Der in Deutschland geborene George Dickel war Whiskey-Großhändler, bevor er 1888 die Tullahoma's Cascade Destillerie kaufte. Tullahoma war ein Kurort, und die Leute, die das Heilwasser tranken, probierten auch den Whiskey. Auch der Standort war ideal, nahe an der Eisenbahn gelegen, konnte der Whiskey schneller auf den amerikanischen Markt gebracht werden.

In jenen Tagen hatte Tullahoma acht Destillerien, und gegen Ende des Jahrhunderts war Dickel's Cascade die größte im Staat. Sie war auch die erste, die ihr Produkt als „Tennessee Whiskey" (damals noch als Cascade) anpries. George, der nach einem Reitunfall im Jahre 1894 starb, erlebte dies nicht mehr.

Der Erfolg war kurzlebig. Als Tennessee unter der Prohibition litt, war Dickel gezwungen, die Produktion in die Stitzel-Weller-Destillerie in

RECHTS: Die Kalksteinkaskaden bei Tullahoma

OBEN: Miss Annie's Geschäft bei Dickels, die einzige Destillerie mit einem eigenen Postamt

Louisville, Kentucky, zu verlegen, obwohl sie ihre eigene Rezeptur der Maische und das Mellowing mit Holzkohle beibehielt. Im Gegensatz zu Jack Daniel's blieb sie nach der Aufhebung des Gesetzes in Kentucky, obwohl sie zu dieser Zeit Schenley gehörte – jener Firma, die mit Lem Motlow um die Rechte auf Jack Daniel's gekämpft hatte. Als die Destillation nach dem Zweiten Weltkrieg wieder aufgenommen wurde, setzte Schenley die Produktion von Dickel in Frankfort, Kentucky, fort.

Dickel, die erste Marke, die sich Tennessee Whiskey nannte, war nicht länger berechtigt, diese Bezeichnung zu tragen.

Alles kam wieder in Ordnung, als 1958 eine neue Destillerie im Cascade Hollow errichtet wurde. Es ist im Vergleich zu Jack Daniel's ein kleiner Betrieb, der aber einen erstklassigen Whiskey produziert. Wie beim Jack Daniel's enthält die Maische nur einen kleinen Anteil Roggen, der Unterschied wird durch die Behandlung nach dem Abfließen des Destillats bewirkt.

Dickel verwendet beim Mellowing Wolldecken, damit die Holzkohle nicht verklumpt. Der Whiskey reift in kühlen Lagerhäusern, dadurch ist der Eintritt des Whiskeys in die Fässer schwächer, das Endprodukt delikater.

LINKS: Ein amerikanischer Klassiker von Cascade Hollow

TENNESSEE WHISKEY

DIE KLASSIKER

ZWAR GIBT ES IN TENNESSEE NUR NOCH ZWEI DESTILLERIEN, ABER EINE DAVON PRODUZIERT DEN BEKANNTESTEN AMERIKANISCHEN WHISKEY, DEN SONDERBARERWEISE DIE MEISTEN FÜR EINEN BOURBON HALTEN! DURCH DIE HOLZKOHLEFILTRATION KREIERTEN DIE BRENNER AUS TENNESSEE EINEN STIL, DER GLÄNZENDER UND GESCHMEIDIGER IST ALS DER BOURBON AUS KENTUCKY.

GEORGE DICKEL NO. 8 (*40% Vol.-%*)

Rätselhafter Duft, der Limonenblüte und rauchige Kaffeenote verbindet. Am Gaumen leichte Fruchtigkeit, die zugleich glatt und trocken ist.

GEORGE DICKEL NO. 12 (*45 Vol.-%*)

Stärkerer honigbetonter Duft, Zigarrenschachtelaroma, eine leichte Minznote, wie man sie in Kentucky findet. Exzellente Länge.

GEORGE DICKEL SPECIAL BARREL RESERVE (*43 Vol.-%*)

Ölig und süß wie Toffee. Die komplexeste der Dickel-Marken führt mit dem Aroma exotischer Früchte und Gewürze aus Nordafrika eine andere Dimension ein.

JACK DANIEL BLACK LABEL (*40 Vol.-%*)

Süßer, sauberer Duft mit Andeutungen von Lakritze, Karamel und Rauch, der Geschmack hält am Gaumen an. Reif, süß und glatt.

GENTLEMAN JACK (*40 Vol.-%*)

Nicht nur eine süßere, sondern auch eine fruchtigere Erfahrung als der Black Label. Gehaltvoll und hitzig.

LINKS: Alte Whiskey-Krüge von Dickel

6

KANADISCHER WHISKY

OBSTBRÄNDE, APFELSCHNAPS UND RUM WAREN BELIEBTE GETRÄNKE DER KANADISCHEN SIEDLER. ES WAR NUR EINE FRAGE DER ZEIT, BIS WHISKY DAS NATIONALGETRÄNK WERDEN SOLLTE. KANADA WAR SCHLIESSLICH DAS ZIEL DER MEISTEN SCHOTTEN, DIE IM 19. JAHRHUNDERT FLUCHTARTIG DIE HIGHLANDS VERLIESSEN. TATSÄCHLICH HATTE BEREITS 1394 EIN SEEFAHRER VON DEN ORKNEYS EINE SCHOTTISCHE SIEDLUNG IN NOVA SCOTIA ERRICHTET! NOCH HEUTE WIRD IN CAPE BRETON GÄLISCH GESPROCHEN.

LINKS: Der Sitz des Canadian Club

GEGENÜBER: Die Schotten und ihr Whisky erobern die Neue Welt.

Der Whisky, den die Auswanderer produzierten, sollte sich jedoch von Anfang an von den Malts ihrer Heimat unterscheiden. Die ersten Siedler, die den harten Boden von Nova Scotia bearbeiteten, haben wohl Roggen, auch in den heutigen Whiskys noch eine essentielle Zutat, verwendet, aber als sie sich dem St. Lawrence entlang bis zu den Großen Seen ausbreiteten, kamen sie zu Farmland, auf dem alle Getreidearten gediehen.

Der Whisky verschaffte den Kleinbauern anfänglich ein gutes Zusatzeinkommen, bevor die Regierung die Whiskyproduktion besteuerte.

Diese Steuererhöhung erfolgte gleichzeitig mit der Einführung der kontinuierlichen Brennblasen, die für die großen Brennereien einen Anreiz darstellten, da mit den großvolumigen, säulenför-

LINKS: Ein sauberer, leicht trinkbarer Whisky

RECHTS: Eine Welt aus rostfreiem Stahl – in der Destillerie von Canadian Mist

migen Brennblasen effizienter produziert werden konnte als mit Pot Stills, und ruinierte gleichzeitig die kleinbäuerlichen Brenner.

Die kanadische Regierung hatte immer ein wachsames Auge auf die Whiskyindustrie. Positiv daran ist, daß der kanadische Whisky (man behielt die schottische Schreibweise bei) gegen Ende des 19. Jahrhunderts der bestkontrollierte Whisky der Welt war. Er durfte nur aus Getreidekörnern hergestellt werden, mußte in einer kontinuierlichen Brennblase destilliert werden und mindestens drei Jahre in Eichenfässern reifen.

Kanada liebäugelte nur kurz mit der Prohibition, tatsächlich belieferte Kanada die amerikanischen Märkte in dieser Zeit mit Erfolg.

Wir haben bereits gesehen, inwiefern sich diese Whiskys von allen anderen unterscheiden. Der kanadische Whisky ist der Triumph der Blendmeisterkunst, wie der irische Whiskey der Triumph der Destillation ist. Für Anfänger seien hier die Getreidearten erwähnt, die verwendet werden können. Mais, Roggen, gemälzte und ungemälzte Gerste und Weizen können entweder einzeln oder in Getreidemischungen destilliert werden, wobei oft die eigene Hefe verwendet wird. Sie werden in einer säulenförmigen Brennblase destilliert, und durch die unterschiedliche Bedienung der Brennblasen können verschieden starke Destillate erzeugt werden. Diese „Bausteine" läßt man dann unterschiedlich lange in Fässern altern. Die kanadischen Brenner verwenden angekohlte und nicht angekohlte Fässer, ehemalige Whisky-, Sherry-, Bourbon und Rumfässer. Manchmal werden verschiedene Destillate separat zur Reifung gelagert, später vermischt und erneut gelagert.

Die Whiskys sind glatt und weich, aber nie langweilig, sondern vielmehr sanft, faszinierend und elegant.

KANADISCHER WHISKY

DIE KLASSIKER

Ackerland, auf dem alle Getreidesorten gedeihen, und eine spezielle Gesetzgebung brachten in Kanada einen Whiskystil hervor, der sich von allen anderen unterscheidet. Hier ist der Blendmeister König, der klug die Destillate verschiedener Getreidearten, die in unterschiedlichen Fässern zu Marken von dezenter, sicherer Qualität heranreiften, vermischt. Lange Zeit wurde der kanadische Whisky nicht gewürdigt – es ist Zeit für eine Neubeurteilung seiner Qualitäten.

BLACK VELVET (*40 Vol.-%*)

Typisch weich und glatt. Reizvoll abgerundet, mit einem Anklang von Roggen.

CANADIAN CLUB (*40 Vol.-%*)

Sehr delikates Aroma mit einer Spur Rauchigkeit. Relativ scharf in der Nase. Sauber, mit etwas zitroniger Roggenwürze. Ein reiner, süffiger Whisky.

CANADIAN CLUB CLASSIC

12 Jahre (40 Vol.-%)

Gehaltvoll und elegant mit süßer, abgerundeter, fruchtiger Geschmacksnote. Reif und glatt am Gaumen mit einem Anklang von Roggen, Sägemehl und Toastaroma und langanhaltender, reiner Fruchtigkeit.

CANADIAN MIST (*40 Vol.-%*)

Leichtes Aroma, aber etwas schwer am Gaumen mit trockenem Abgang.

LINKS: Der Firmensitz von Hiram Walker's

CROWN ROYAL (*40 Vol.-%*)

Gehaltvolles, saftiges Aroma, randvoll mit würziger Eiche und süßer Frucht. Ein reicher, öliger, vollmundiger Whisky von herrlicher Ausgewogenheit und Eleganz.

SEAGRAM'S V.O. (*40 Vol.-%*)

Verführerischer, delikater Duft. Komplex am Gaumen, mit würzigem Roggenton und glatten, reifen Fruchtaromen, die sich wunderbar entfalten.

KILBEGGAN
IRISH WHISKEY

WHISKY-VERKOSTUNG

DIE VIELFALT VON WHISKY ERFORSCHT MAN AM BESTEN DURCH PROBIEREN. JE MEHR MAN VERKOSTET, UM SO MEHR LERNT MAN. IMMER NEUE MARKEN KOMMEN AUF DEN MARKT, BEREITS BEKANNTE WHISKYS MÜSSEN ERNEUT GEPRÜFT WERDEN, SO NIMMT DAS LERNEN KEIN ENDE.

OBEN: In Erinnerung an leuchtende Berge und tiefblaue Seen

Es gibt beim Verkosten keine richtigen oder falschen Antworten. Mit wachsender Erfahrung beginnt man gewisse Aromen und Geschmacksnoten zu unterscheiden. Mit anderen Worten, man kann nicht nur sagen, was man riecht, sondern auch begründen, warum es so riecht. Während bei einer Expertenverkostung ein gewisser Konsens vorhanden sein wird, gelangt doch jede Testperson in sehr individueller Weise zu ihren Schlußfolgerungen. Jeder hat eine andere Nase, und man entdeckt bald, daß man auf gewisse Aromen sensibler reagiert als andere. Seien Sie nicht enttäuscht, wenn Sie die Bananennote nicht riechen – die anderen können vielleicht den Duft der Orangen nicht wahrnehmen, der Ihnen in die Nase steigt!

Beim Whisky verhält es sich ähnlich wie bei Wein oder Cognac. Hier wie dort besteht eine mystische Verbindung zwischen dem Ort, wo man das Getränk zu sich nimmt, und seinem Aroma.

Versuchen Sie, verschiedene Stile zu vergleichen. Testen Sie eine Mischung aus drei Bourbons, drei irischen Whiskeys und drei Malts. Versuchen Sie, die Produktionsmethoden zu verstehen, die die verschiedenen Geschmacksnuancen hervorbringen, mit der Zeit werden Sie abschätzen lernen, daß die Schärfe des Bourbons vom Roggen herrührt, das frische Knirschen der irischen Whiskeys von ungemälzter Gerste, und wie die Verwendung von Torf und Sherryfässern die Aromen und den Geschmack eines Malts beeinflussen.

LINKS: Ein Glas Whisky in anregender Runde

WIE PROBIERT MAN WHISKY?

Wo verkosten?

Die Umgebung muß stimmen. Versuchen Sie keine seriöse Verkostung in einer Küche, in der gerade gekocht wird, oder in einem Zimmer voller Blumen, und vermeiden Sie Parfüm oder Rasierwasser.

Wann verkosten?

Die meisten professionellen Verkoster stimmen darin überein, daß die Sinnesorgane am Vormittag ihren Leistungshöhepunkt erreichen. Die Vorfreude auf das Mittagessen aktiviert die Magensäfte.

Wie verkosten?

Verwenden Sie Gläser in Tulpenform mit Stiel. Sie haben ein kleines Fassungsvermögen, erwärmen sich rasch in der Hand und die sich verjüngende Form konzentriert und bewahrt die Aromen.

Nehmen Sie sich Zeit! Es ist unvermeidlich, daß ihr Geschmackssinn an einem Tag sensibler ist als an einem anderen. Je regelmäßiger Sie verkosten, um so geübter werden Sie!

DIE ERFOLGSLEITER

Stufe 1: Die Farbe

Heben Sie das Glas in angemessenen Abstand hoch, und prüfen Sie die Farbe. Diese verweist vor allem auf das Alter des Whiskys und die Faßart, in der er reifte. Whisky wird mit dem Alter dunkler, aber auch das Holz der Fässer hat einen Einfluß. Da Bourbon und Tennessee Whisky in neuen Fässern altern, nehmen sie rasch eine satte rötliche Farbe an. Da ein Großteil der Farbe ausgelaugt wurde, kann ein 12jähriger Malt heller sein als ein 4jähriger Bourbon. Sherryfässer, vor allem jene aus spanischer Eiche, verleihen eine starke Färbung.

Stufe 2: Das Aussehen

Lassen Sie den Whisky im Glas kreisen. Sie werden ein paar klare „Tränen" an den Seiten des Glases sehen. Allgemein gilt, je länger die Träne, um so stärker der Whisky, und je hartnäckiger sie sind, um so reichhaltiger dürfte der Geschmack sein. Noch bevor Sie den Whisky kosten, verfügen Sie bereits über drei Anhaltspunkte.

Stufe 3: Der Duft

Die Hauptarbeit bei der Whiskyverkostung wird mit der Nase getan. Blendmeister kosten nie – manche sind sogar Abstinenzler! Alles was man braucht, ist eine gute Nase.

Stufe 4: Das erste Einziehen des Duftes

Sie sollten Ihre Nase nie zu tief in das Glas tauchen und zu kräftig inhalieren, Sie würden nur Ihren Geruchssinn betäuben. Halten Sie statt dessen die Nase etwas über das Glas, und ziehen Sie den Geruch leicht ein. Pausieren Sie, und schreiben Sie Ihre Eindrücke nieder. Wie intensiv und komplex ist das Aroma?

Stufe 5: Das zweite Einziehen des Duftes

Geben Sie ein wenig Wasser dazu, um die komplexeren Geschmacksnuancen freizusetzen. Verwenden Sie ausschließlich kohlensäurefreies, abgefülltes Wasser. Ziehen Sie das Aroma ein wie beim unverdünnten Whisky. Nicht schütteln! Entspannen Sie sich, finden Sie heraus, woran Sie der Duft erinnert.

Stufe 6: Der Geschmack

Nehmen Sie einen kleinen Schluck. Wie „fühlt" sich der Whisky an? Leicht, ölig, scharf? Nehmen Sie einen weiteren Schluck. Wie süß ist er, wie würzig? Scharf oder trocken? Auf jeden Whisky werden einige dieser Beschreibungen zutreffen, aber welche dominiert? Herrscht im Gesamteindruck Ausgewogenheit vor? Notieren Sie, welche Geschmacksnuancen auftauchen. Gibt es welche, die Sie schon mit dem Geruchssinn erfaßt haben? Nun sollten Sie schlucken, da die Geschmacksempfindung im hinteren Bereich des Gaumens ein Schlüsselfaktor bei der Bewertung eines Whiskys ist. Wie ist der Abgang – scharf? trocken? süß? Wie lange verweilt er? Nehmen Sie sich Zeit.

Stufe 7: Schlußfolgerungen

Scheuen Sie sich nicht, Ihre Eindrücke anderen mitzuteilen. Whisky ist ein Gesellschaftsgetränk, er soll zu Diskussionen animieren. Divergierende Meinungen münden oft in einer neuerlichen Verkostung.

GEGENÜBER: Eine meditative Whiskyverkostung

UNTEN: Gerade richtig für eine Vollmondnacht

REGISTER

BILDNACHWEISE

Der Verlag dankt folgenden Firmen, Organisationen und Personen für die Abdruckerlaubnis in diesem Buch:

Austin Nichols and Co.; **Camera Press**/Bryan Alexander; **Campbell Distillers Ltd**; **The Chivas and Glenlivet Group**; **Cooley Distillery Plc**; **Corbis UK Ltd**; **E.T. Archive**; **Mary Evans Picture Library**; **Glenturret Distillery Ltd**; **Heaven Hill Distilleries. Inc**; **Hulton Getty**; **Images Colour Library**; **Lang Brothers Limited**; **Chris Lobina**; **Macallan-Glenlivet Plc**; **Morrison Bowmore Distillers Ltd**/Eric Thorburn; **Mulcaster**; **Phipps Public Relations Ltd**; **Scotland in Focus**/A.G. Johnston; **William Grant & Sons International Ltd**; **United Distillers & Vintners UK**; **Hiram Walker & Sons Ltd**; **Whyte & Mackay Group**

Es wurde jede Anstrengung unternommen, die Besitzer der Copyrights ausfindig zu machen. Sollten einige von ihnen fehlen, werden wir diese gerne in die nächsten Ausgaben aufnehmen.

OBEN: Kater Towser, der legendäre Mäusefänger der Talisker Destillerie